지중해
박찬일의 이딸리아 맛보기
태양의 요리사

지중해 태양의 요리사

박찬일의 이딸리아 맛보기

| 박찬일 지음 |

창비

평생을 아들 걱정으로 늙어오신

정경자 여사에게 바칩니다

차례

1. 나는 씨칠리아에서 피자 반죽처럼 곤죽이 됐다오 **009**
2. 공산당도 빠스따를 먹는다고? **023**
3. 주방에서 힘자랑하지 말라네 **031**
4. 리틀맥 vs 빅맥 **041**
5. 한여름밤의 전갈 소동 **049**
6. 라비올리를 삶아라 **059**
7. 요리 방송에 출연한 쥬제뻬 **071**
8. 이딸리아에 마늘 자학극은 없다네 **079**
9. 참치를 잡아라 **087**
10. 손님과의 투쟁, 식당은 전장이다 **095**
11. 씨칠리아의 기사식당 **103**
12. '씨네마 천국'이 없었다면 **111**
13. 특명! 돼지를 잡아라 **119**
14. 진짜 쏘시지를 만들자 **131**
15. 미국 녀석들, 제대로 골려주마 **139**
16. 이딸리아와 한국의 음식은 닮았을까 **145**
17. 씨칠리아의 어시장 **155**

18. 경찰서는 죽어도 가기 싫어요 **163**

19. 섭씨 50도 씨칠리아에서 통닭구이가 되지 않는 법 **175**

20. 쥐를 잡아라 **185**

21. 포르노 대소동 **193**

22. 뽀모도로, 토마토쏘스를 끓이다 **199**

23. 미슐랭 별을 따볼까나 **207**

24. 미슐랭이냐 '붉은새우'냐 **217**

25. 푸아그라는 참아줘요 **225**

26. 마리아 아줌마의 법력 **239**

27. 한국 사람은 밥심으로 산다네 **247**

28. 뻬뻬, '뽀모도로'는 잘돼가? **253**

29. 요리학교 시절 **259**

30. 붉은 팬티와 월드컵의 추억 **271**

31. 마지막 씨칠리아, 안녕 **279**

작가의 말 **290**

1
나는 씨칠리아에서
피 자   반 죽 처 럼
곤죽이 됐다오

1
나는 씨칠리아에서
피자 반죽처럼
곤죽이 됐다오

가는 날이 장날이었다. 마침 바깡스철이라 스위스와 독일의 돈 많은 관광객 단체손님 예약이 밀려들었다. 씨칠리아 시골식당이 자랑해마지않는 전통의 다섯 가지 코스를 그네들에게 먹이고 10퍼쎈트쯤 팁까지 뜯어낸 후 돌려보내야 했다. '유럽의 명소'인 씨칠리아의 식당은 대부분 여름 한철 장사해서 일년을 먹고산다. 이 시기에 막 주방에 투입된 건 참 복도 없는 일이었다.

거리는 지글거렸다. 이 시기에 씨칠리아 사람들은 낮엔 꼭꼭 숨어지낸다. 지중해의 태양이 문자 그대로 '내리꽂히는' 한낮에는 지열까지 푹푹 올라와 거리의 온도가 50도를 넘기 때문이다.

섭씨와 화씨가 헷갈리던 나는 그게 화씨인 줄 알았다. 세상에, 한증막도 아니고 길거리 온도가 50도라니 믿기지 않을밖에.

어쨌든 멀리 한국에서 이딸리아 요리를 배우겠다고 깡촌까지 날아온 이상한 녀석에게 '당해봐라' 하는 심정이었는지 주방장은 아예 웃지도 않고 연방 '로베르또, 로베르또!'를 불러제끼면서 할일을 떠안겼다. 내 이름은 어디로 갔느냐고? 그들은 'chan'을 '깐'이라고 읽었다. 게다가 모든 자모음을 반드시 읽어주는— 몇가지 묵음을 제외하고는— 언어 습관은 'il'까지도 '일르'라고 읽었다. 그래서 결국 내 이름은 '깐일르'가 될 판이었다. 게다가 어떤 녀석은 프랑스어식으로 '샤닐르'라고 부르질 않나, 간혹 똑바로 '차닐르'라고 부르는 경우도 있었다. 마침내 내 이름은 어렵고 혼란스럽다는 이유로 용도폐기됐다. 돌아가신 할아버지가 알면 대로할 일이었지만, 어쨌든 나는 이딸리아에 있으니까……

여담이지만, 이딸리아어는 매우 논리적이고 규칙적이다. 그래서 배우기 쉽고 아름답다는 느낌을 받는다. 그 '규칙성'은 자모음을 읽을 때도 어김없이 발휘된다. 예를 들어, 당신이 베네찌아의 멋진 바에 가서 맥주를 주문한다고 치자. 이딸리아어로 '비라'(birra) 주세요 하면 못 알아듣기 십상이다. 비르~라,라고 해야 웨이터가 고개를 끄덕인다. 'r'이 두 개이니 두 번 혀를 굴려야 한다. 입안에서 혀를 말아 파리 날개 떨듯 정확히 두 번

굴려줘야 한다. 처음엔 이게 어려워서 맥주도 시켜먹을 맛이 안 나게 마련이다.

글쎄, 발음하기 힘든 내 이름 대신 엉겁결에 얻게 된 로베르또란 이름이 썩 마음에 들지는 않았지만, 그나마 '또또'나 '삐에로' 같은 우스운 이름이 아니어서 다행이었다.

주방은 아예 불바다였다. 올리브유에 굽는 마늘 냄새가 자욱하게 퍼지고, 가스 화력을 최대로 높이고 프라이팬으로 열심히 빠스따를 볶아대는 요리사들 사이로 불길이 넘실댔다. 나는 그들 사이로 아슬아슬하게 피해다니면서 필요한 재료를 준비해 던져주는 일부터 해야 했다. 사수(射手)들에게 총알을 공급하는 탄약수 같은 거라고나 할까.

"로베르또, 빨리!"

음, 첫번째 프라이팬에 있는 뻬뻬가 하는 요리는 새우를 넣은 뇨끼(감자와 밀가루로 만든 일종의 떡). 손질한 중간 크기 새우 다섯 마리와 토마토 꽁까쎄(concasser, '씨를 빼고 주사위 모양으로 썬'이란 뜻의 프랑스어, 이딸리아에서도 똑같이 쓴다) 한 숟가락, 붉은 양파 두 줌과 다진 파슬리 한 줌, 그리고 즙을 짜넣을 수 있도록 레몬 반 개를 순서대로 갖다바친다.

"로베르또! 젠장!"

다른 녀석이 부른다. 허리를 맵시있게 비틀어 그 녀석에게 간다. 올리브유와 감자볶음을 곁들인 지중해식 오징어순대. 배가 터지게 속을 넣어 준비해둔 오징어를 냉장고에서 꺼내 올리브유를 바르고 그릴에 휙 던져 지글지글 구우면서 꼰또르노(contorno, 곁들임요리)로 쓸 감자볶음을 할 수 있도록 그 녀석에게 손질한 재료를 담은 쟁반을 건넨다. 이크!

"빌어먹을, 로베르또! 빠스따 솥이 넘치잖아!"

재빨리 빠스따 솥으로 가서 9개의 망에 들어 있는 제각기 다른 모양의 빠스따가 순서대로 익고 있는지 체크한다. 지나치게 익지 않도록 끄집어내어 소금물을 빼고 프라이팬을 잡고 있는 세 녀석에게 동시에 던져준다. 뜨거운 물이 주르륵 요리복 위로 떨어진다. 앗, 뜨거! 2도 화상. 이거 산재(産災) 아냐?

녀석들은 한 손으로 팬에서 빠스따며, 채소 등속을 볶으면서 다른 한 손으로는 손가락을 가지런히 모으고 하늘을 향해 감자를 먹이는 짓을 해댔다. 미치도록 바쁘다는 뜻인데, 말보다 제스처를 먼저 배우는 이딸리아인다운 행동이랄까. 문제는 동시에 팬 두 개를 잡고 있어도 어느 한 손은 반드시 무언가 제스처를 해야 직성이 풀리는 이네들의 습관이었다. 아니, 나 같으면 그 제스처할 시간에 뭔가 일을 더 하겠는데 도대체……

하긴, 부주방장 뻬뻬는 뒷자리에 사람을 태우고 오토바이를 몰 때도 핸들을 놓고 양손으로 그 빌어먹을 제스처를 해대곤 하는데 그게 이딸리아에서는 별나지도 않다는 게 문제다. 경고하건대, 당신이 이딸리아에서 차를 얻어타고 갈 때는 절대 뒷자리에 앉지 마시라. 당신이 미인이라면 더욱 심각해진다. 운전자가 전방에 무엇이 있든 가속기를 마구 밟으면서도 뒤를 돌아보며 양손으로 제스처를 할 게 틀림없기 때문이다. 뭐, 당신을 유혹하려는 거지.

　서로 싸울 때도 이 제스처는 주무기가 된다. 욕설이나 폭언은 아직 입밖으로 나오지 않은 상태에서 자기 목을 손끝으로 쓰다듬거나, 어깨를 오므리고 손가락을 하늘로 치켜드는 행동이 3초 이상 먼저 나온다. 멀리서 보면, 대화를 듣지 않아도 그들이 무얼 놓고 다투는지 알 만큼 말이다.

　움베르또 에꼬가 이런 문제의 심각성에 대해 칼럼을 썼다는 말은 아직 들어보지 못했지만, 경찰청에서는 여러 차례 공익광고를 만들어 경고를 해보았지만 소용이 없었다.

　"운전대를 놓고 옆사람에게 제스처를 하지 마시오!"

　심지어는 휴대폰을 목에 끼고 자기 애인이랑 통화하면서 왼손은 하늘을 향해 감자를 먹이고, 오른손으로는 기어 변속을 하는 게 보통이다.

　태어나서 말보다 먼저 배우는 제스처를 어떻게 멈추란 말인가. 제스처는 그러니까, 이딸리아에서는 단순한 몸짓이 아니라 언어 이상의 표현수단인 거다. 아직 말도 못하는, 두살짜리 주방장 딸 프란체스까가 십여 가지 제스처로 젖도 얻어먹고, 이상하게 생긴 내게 호기심도 표현하는 걸 보면 정말 가관이다. 그

지중해 태양의 요리사　15

애도 생떼가 잘 먹히지 않으면 어깨를 으쓱하면서 그예 한 손으로 하늘을 찌르는 동작을 한다.

제스처에 익숙하지 않은 우리가 보면, 정말 이딸리아인들은 제스처로 시작해서 제스처로 끝장을 보는 민족 같다. 얼마나 다양한지, 거의 수화에 버금갈 만큼 화려하다. 제스처는 그 어떤 언변보다 정확하게 의사표현을 하는 도구로 쓰이는 셈이다.

어쨌든, "로베르또! 로베르또! 로베르또! 로베르또!"(이 녀석들은 마치 내가 오기를 기다렸다는 듯이 볶아대는군) 대충 이 이름이 수백번쯤 불리면 하루 일과가 끝난다. 걸어서 오분 거리에 있는 숙소까지 나는 거의 그로기 상태로 가는데, 신발도 벗지 못하고 침대에 쓰러지는 게 다반사였다. 새벽에 깨보면 운동화가 아직도 발에 매달려 있었다. 서울에서는 술을 떡이 되게 마시고 집에 와도 구두는 벗고 잤던 내가……

이딸리아 북부 또리노 근처의 요리학교를 마치고 씨칠리아로 간 건 솔직히 좀 객기를 부려본 거였다. 아마도 그 요리학교 수료생 중에 씨칠리아로 요리사 생활을 떠나고자 하는 이는 거의 없을 터였다. 실습처를 배당하는 학생주임의 표정이 딱 그랬다. '너, 거기서 견딜 수 있겠어?'

그는 500cc짜리 고물 자동차 '친꿰첸또(500이란 뜻)'로 나를 싣고 기차역으로 가면서 내내 겁을 줬다. 동양인은 원숭이꼴이 된다구, 마피아가 괜히 마피아인 줄 알아? 아니다 싶으면 얼른 전화하고 올라오라구……

　기차표에는 그 북부의 도시에서 씨칠리아까지의 거리가 표시되어 있었다. 1,750킬로미터. 기껏 서울-부산 간 450킬로미터가 현실감 있는 거리인 내게는 가늠이 되지 않는 거리였다. 1박 2일, 22시간을 꼬박 달려 일하게 될 시골의 허름한 역사에 도착했을 때 내 운명은 찌그러지기 시작했다. 텔레비전에서 본 것처럼 멋진 흰색 요리복을 입고 높다란 모자를 쓰고 불판 앞에서 거들먹거리면 될 거라는 생각도 물론 착각이었다. 씨칠리아 시골식당의 주방은 동양에서 온 촌뜨기가 노예처럼 굴러다니기에 딱 알맞은 곳이었으니까.

　땀에 절어 등에 찰싹 달라붙은 주방복을 채 벗지도 못하고 잠에 빠졌던 것 같다. 비 오듯 땀을 흘리며 잤던 모양이다. 밀가루 포대를 만드는 데 쓰일 것 같은 광목천으로 만든 침대보가 흠뻑 젖었다. 그래도 군기가 바짝 들어 아침 일찍 식당에 갔더니 문이 꽁꽁 잠겨 있었다. 만화 『맛의 달인』을 보면, 초보요리사는 아침 일찍 식당에 나와 바닥 청소부터 칼 갈기까지 부지런을 떨어야 주인과 주방장 눈에 들게 마련인데. 암, 거기다 운이 좋으면 사장의 데릴사위가 되는 것도 문제없고말고.
　그러나 문이 잠겼으니 난 멍청한 동양인 요리사 후보가 되어 하릴없이 문앞을 지키고 앉았다. 그러기를 두 시간이 흘러서야 부주방장 뻬뻬가 무스를 반통쯤 처발라 세운 머리를 하고 나타났다. 안 그래도 기름통에서 꺼낸 듯 기름이 줄줄 흐르는 용모인데, 무스 떡칠까지 하고보니 이건 영 밥맛이었다. 게다가 그가 몰고온 50cc짜리 베스빠 소리에 귀청이 떨어질 것 같았다.

"꼬메 마이?"

으흠, 왜 이렇게 일찍 나왔냐는 말이렷다. 그는 나를 신병 교육시키듯이 오븐 앞에 세우고는 차분히 설명했다. 일찍 나오지 마라, 사장이 우습게 본다, 네 시간을 즐기지 않으련? 게다가 씨칠리아는 어둠이 내려야 하루가 시작된다구. 그는 밤새 대마초 파티를 즐긴 듯 충혈된 눈으로 설명했다.

믿거나 말거나 씨칠리아에서 열두시에 식당에 나타나 점심밥을 달라고 하면 미치광이 취급 받는다. 저녁 여섯시에 피쩨리아에 가서 피자를 달라는 것과 마찬가지다. 반죽이 부풀어야 피자를 굽지, 안 그래? 얼간이 동양인 친구.

내가 일하는 식당 '파또리아 델레 또리'(Fattoria delle Torri, '탑이 있는 전통식당'이라는 의미)는 이 작은 시골마을의 한구석에 조그맣게 웅크리고 있었다. 원래 소극장인 곳을 개조해서 식당으로 만들었다고 한다. 마당에는 아름다운 레몬나무와 감나무가 있었고, 아랍풍으로 튼튼한 돌로 지은 흰색 건물은 이국적이었다. 문을 열고 들어가면 와인을 시음할 수 있는 바가 누룩 냄새를 피우며 자리잡고 있고, 왼쪽으로는 온갖 씨칠리아 와인이 연도별, 종류별로 비치된 멋진 깐띠나(와인 저장소)가 있었다.

홀은 꽤 널찍하고 멋지게 장식했으며, 지역 화가들의 작품이 걸려 있어서 여간내기들이 만만하게 식사할 수 있는 곳은 아니라는 이미지를 풍겼다. 주방은 너덧 명의 요리사들이 일하기 불편하지 않을 만큼 넓었다.

뭐, 초짜가 고수티를 내는 건 당장 표가 난다. 나는 이제 겨우 요리학교를 마친 주제에 익숙한 요리사처럼 굴다가 금세 들통이 났다. 주방장 쥬제뻬 바로네(Giuseppe Barone)는 병아리를 가르치는 것처럼 내 뒤를 졸졸 따라다니며 간섭했다. 어헛! 누가 '사시미'를 썰라고 했어? 두툼하게 썰라구. 씨칠리아 요리는 좀 터프하게 해야 한다네. 마늘을 누가 두 개 넣으래? 여기 어느 놈이 나 대신 주방장이지?

주방 식구들은 꽤 너그러웠던 것 같다. 실수를 해도 오븐에 가둬버리거나, 머릿가죽을 벗겨 쏘시지를 만들지는 않았으며, 기름솥에 내 손을 튀겨버리지는 않았으니까. 나는 실수 연발이었다. 빠스따를 삶고 있는 펄펄 끓는 솥에 물을 보충한답시고 찬물을 붓는다거나, 붉은 양파를 넣을 요리에 흰 양파를 넣는다거나(그게 그거 아냐?) 하면서. 대파나 쪽파나, 스빠게띠나 링귀네나…… 내게는 하등 다를 바가 없었지만 그들은 달랐다. 이해할 만한 일이었다. 당신 같으면 한국에 온 이딸리아 녀석이 한식을 배우면서 수제비나 칼국수나 매한가지라고 한다면 귀싸대기를 올려붙이지 않겠는가.

 양파만 해도 얼마나 까다로운지 모른다. 작은 파뿌리처럼 생긴 스깔로뇨, 노란색의 치뿔라 지알라, 붉은색의 치뿔라 로싸, 하얀색의 치뿔라 비안까…… 이걸 요리마다 다 다르게 썼고, 들어가는 양도 달랐다. 이딸리아 요리는 단순하며 재료의 맛을 살리는 간결한 요리다,라고 말한 놈은 도대체 이딸리아에서 살아보기나 한 거야?

 왕년에 새우 껍데기깨나 까봤다고 해도 내 앞에서는 절대 말하지 말길 바란다. 나는 새우족속의 철천지원수가 될 만큼 새우를 주무른 사람이다. 이놈의 새우는 또 얼마나 종류가 많은가. 이걸 일일이 분류하고, 머리를 따내고 껍데기를 벗겨야 한다. 나는 지금도 이름을 말하기 뭣한 뷔페식 패밀리 레스또랑에서 블랙리스트에 올라 있을 게 틀림없는데, 그건 새우를 좋아하는 딸아이를 위해서 엄청나게 빠른 속도로 새우를 까서 대령했기 때문이다. 언젠가 피검사를 받은 딸아이가 콜레스테롤이 높다는 결과를 듣고 충격을 받아 섭취량을 스스로 제한하기 전까지는 그랬다. 그 패밀리 레스또랑은 지금이라도 내 딸 몸속의 콜레스테롤에게 감사를 표해야 한다고 생각한다. 직업적인 충고인데, 그 레스또랑에서는 콜레스테롤 수치가 더 높은 새우를 구매하도록 시장조사를 병행해야 하며, 새우 접시 옆에는 커다랗게 새우의 콜레스테롤 수치를 써놓는 게 좋다고 생각한다.

어쨌든 새우 껍데기는 내 손톱 밑에 상처를 남기기도 하지만, 주방장의 부아를 돋우기도 한다. 순전히 나 때문에 일어나는 일이지만 말이다. 주방장이 새우를 다 깠다고 보고하는 내게 흡족한 눈빛을 보내며 말했다.

"부온 라보로(수고했어), 로베르또."

그의 얼굴에서 흡족한 표정이 사라지는 데는 3초도 걸리지 않았다. 음식물 쓰레기통에 있는 수북한 새우 머리와 껍데기를 발견했기 때문이다. 그는 알 수 없는 말을 총알처럼 쏟아냈는데, 너무 화가 나서 내가 이딸리아어를 잘 알아듣지 못한다는 사실을 잊어버린 듯했다. 분명한 건, 전세계 공통어인, 남성 신체 중에 신축성이 가장 좋은 부위를 거론했다는 점이다. 새우 머리와 껍데기는 훌륭한 쏘스 재료가 된다. 쥬제뻬가 즐겨 쓰는 방법은 아니지만, 쌀사 디 끄로스따체이(salsa di crostacei)라고 부르는 비스퀴쏘스(갑각류 부속물과 채소를 오래 끓여 만드는 쏘스)를 얻어낼 수 있는 것이다. 마치, 해물탕을 졸인 듯한 맛이 나는 이 원액은 새우나 게 구이에 곁들여내는 고급 쏘스다.

나의 실수 레퍼토리는 바그너 오페라처럼 지루하고 길어서 더 이상 거론하지 않는 게 좋을 것 같다. 그래도 이 점 하나는 분명하게 자랑하고 싶다. 그곳에서 모양을 착각해서 설탕 대신 인공조미료를 넣는 일 따위는 하지 않았다. 역사와 전통을 자랑하는 파또리아 델레 또리의 주방에서 인공조미료는 쓰지 않으니까.

"로베르또! 로베르또! 로베르또! 로베르또!"
(이 녀석들은 마치 내가 오기를 기다렸다는 듯이 볶아대는군)
대충 이 이름이 수백번쯤 불리면 하루 일과가 끝난다.
걸어서 오분 거리에 있는 숙소까지 나는 거의 그로기 상태로 가는데,
신발도 벗지 못하고 침대에 쓰러지는 게 다반사였다.
새벽에 깨보면 운동화가 아직도 발에 매달려 있었다. 서울에서는
술을 떡이 되게 마시고 집에 와도 구두는 벗고 잤던 내가……

2
공산당도 빠스따를 먹는다고?

2
**공산당도
빠스따를
먹는다고?**

이딸리아에서 유명한 빠스따 이론서 『라 빠스따』(*La Pasta*)를 쓴 마리아 뗌뻬스띠니(Maria Tempestini) 여사는 "이딸리아 요리의 위대한 배우는 빠스따"라고 말했다. 사실 프랑스, 스페인, 뽀르뚜갈의 식탁과 이딸리아 식탁은 별반 다를 게 없다. 쁘로슈또와 쌀라미 같은 돼지고기 가공품도 비슷하고, 해물 요리도 그게 그거다. 올리브유를 많이 쓰는 것도, 다양한 치즈를 즐기는 것도 흡사하다. 그러나 이들 나라와 이딸리아의 부엌이 다른 것은 빠스따의 힘이다. 빠스따 없는 이딸리아 식탁은 상상도 할 수 없다. 한마디로, 빠스따는 이딸리아의 정체성을 말해준다고나 할까.

당연히 이딸리아 식당의 주인공도 빠스따다. 여기서 잠깐! 빠스따와 스빠게띠를 각각 다른 요리라고 생각하는 이들도 있다. '여기 스빠게띠랑 빠스따 주세요'. 그러나 스빠게띠는 빠스따에 속하는 한 종류다.

빠스따 식당이라고 해서 스빠게띠만 있는 것은 아니다. 아니, 오히려 스빠게띠 없는 식당이 더 많다. 집에서 대충 삶아먹을 수 있는 '민중의 끼니'를 일부러 식당까지 와서 사먹는 경우는 드물게 마련이다. '스빠게띠 따위는 집에서나 삶아드시고 우리 식당에서는 좀 폼나는 걸 사드슈! 그래야 매상도 오를 테니까.' 맞는 말이다. 한국의 고급 식당에서 된장찌개나 김치찌개를 팔지 않는 것과 같은 이치다. 구절판과 삼색밀쌈을 팔아야 남는다. 그 요리가 아무리 맛이 없더라도 말이다.

링귀네(영화 「라따뚜이」의 주인공 이름은 여기서 땄다), 딸리아뗄레, 빠빠르델레, 라쟈네떼, 가르가넬리, 리가또니⋯ 밤하늘의 별만큼 많은 종류의 빠스따가 뜨거운 솥단지 안에서 익어간다.

주방이 솥단지처럼 후끈 달아오르는 저녁시간이 되면, 나는 바짝 긴장했다. 성질 나쁜 주방장이 국숫가락을 휙휙 던지면서 신경질을 내곤 했기 때문이다. 그는 흥분하면 음식 재료를 던지는 못된 버릇이 있었는데, 묘하게도 꼭 빠스따였다. 버려도 아깝지 않고, 뺨이나 머리통에 맞으면 기분이 더러워지지만 부상을 입지 않기 때문이었을 게다. 그가 칼이나 트뤼프버섯(세계 3대진미의 하나로 아주 비싼 버섯)을 던질 리는 없었다.

여러 칸으로 나뉜 빠스따 솥에서 저마다 다른 타이밍에 들어가서 익는 빠스따의 상태를 판단하는 법은 독특하다. 누군가는, 타일 붙인 벽에 던져보거나(타일이 아니고 씨멘트벽이면 어떡하지?), 가운데를 잘라보아 하얀 심이 도드라지면 된다거나(맞는 말이지만 미적거리는 그 순간 주방장이 던진 팬이 날아와 머리통을 강타할걸?), 전자타이머를 정확히 맞춰놓으라(아니, 동시에 아홉 개가 울려대면 뭐가 뭔지 어떻게 알까?)고 하는데 다 틀린 말이다. 빠스따가 익는 타이밍은 냄새와 '깔'로 구별한다. 빠스따가 잘 익으면 마치 햅쌀밥이 가마솥에서 익어가며 내는 듯한 구수한 냄새를 풍긴다. 아홉 개의 칸에 제각각 다른 빠스따가 들어 있으면 더 명확해진다. 곡물이 제대로 익어 침을 질질 흘리게 만드는 그 냄새! 그것이 바로 빠스따가 다 삶아졌을 때의 '향기'다. 그러나 이것만으로는 정확하지 않다. 바로 눈이야말로 빠스따가 '쁘론또'(pronto, 준비됐어) 상태임을 식별할 수 있다. '깔'이란 색깔이거나 때깔이다. 뜨거운 소금물을 빨아들여 적당히 통통해진 표면이 부풀어오르면 미끈한 자태로 변하게 되는데, 바로 그때가 '타이밍'인 것이다. 팬으로 옮겨 뜨겁게 달구어진 올리브유을 뒤집어쓰고 달콤한 마늘향에 몸을 두어 번 굴리면 마침내 기막힌 씨칠리아의 빠스따가 탄생하게 된다.

"로베르또! 빠스따 에 쁘론따?(빠스따 준비됐어?)"

팬을 쥐고 있는 녀석들이 준비된 빠스따를 던져달라는 악다구니를 열두어 번쯤 하고 나면 하루가 마감된다. 그러면 내가 좀비처럼 휘청거리며 몸을 구기고 숙소로 돌아가다 들르는 곳이 있다. 소설 『돈 까밀로와 뻬뽀네』에 나오는 순진한 공산당 읍장이 마치 실존할 것 같은 정당 사무실이다. 말이 사무실이지, 경로당 같은 분위기인데 내가 이곳을 들르는 이유는 순전히 공짜 커피와 과자 때문일지도 모른다.

이딸리아는 남북으로 길게 뻗어 있다. 잘사는 북부와 못사는 남부가 지독하게 눈을 서로 부라리고 있는데, 총선 결과를 보면 딱 그렇다. 북부의 '북부동맹'이라는 극우정당 녀석들은 "남부의 거지들과 함께 살 수 없다. 왜 우리 세금을 걷어 남부 거지들의 밥값을 대주느냐?"고 노골적으로 유권자들을 선동한다. 그 결과 북부에서는 이런 극우정당들이 다수당의 일부가 되기도 한다. 그러나 남부에서는 어림도 없는 일. 뻬뽀네 읍장의 대활약 때문인지 여전히 공산당과 좌파정당이 득세하는 곳이다. 물론 그들이 내게 '공산당선언'을 강요하거나 내밀하게 세포로 암약할 것을 유도하지는 않는다. 왜냐하면, 그들은 두 다리 쭉 뻗고 사는 '다수당'이기 때문이다. 다시 말해, 이 땅 씨칠리아에서는 심하게 오른쪽에 있는 정당들은 점조직 세포로 살아갈 수밖에 없는 곳이라는 얘기다.

공산당 사무실에서, 아직도 런던 월드컵의 영웅 '박두익'을 기억하는 정겨운 '빨갱이 노인네들'과 작별인사로 두 뺨에 뽀뽀를 하고 거리로 나오면 씨칠리아만의 독특한 밤 풍경이 벌어진다. 온 도시의 모든(정말 그렇다!) 청소년들이 떼를 지어 몰려나와 밤마실을 즐기는 광경이다. PC방도, 삼겹살집도 없는 이 도시에서는 이같이 밤마다 광장 문화가 꽃핀다. 마리아와 페데리꼬의 연애 또는 결별, 루까의 군입대 소식도 웹 게시판 대신 이런 광장에서 유통된다. 사람 사는 냄새가 있는 곳, 그래서 나는 지금도 씨칠리아 꿈을 꾼다. 물론, 빠스따가 끓어넘쳐 호되게 호통을 듣는 꿈도 꾸지만.

"로베르또! 께 까쪼 꼬또 뜨로뽀!(빌어먹을, 국수가 너무 익어버렸잖아!)"

고기가 웰던으로 바싹 익는 건 용서해도 빠스따가 불어터지는 건 절대 봐줄 수 없는 이딸리아 사람들이다.

빠스따 식당이라고 해서 스빠게띠만 있는 것은 아니다.
아니, 오히려 스빠게띠 없는 식당이 더 많다.
집에서 대충 삶아먹을 수 있는 '민중의 끼니'를 일부러 식당까지 와서
사먹는 경우는 드물게 마련이다. '스빠게띠 따위는
집에서나 삶아드시고 우리 식당에서는 좀 폼나는 걸 사드슈!
그래야 매상도 오를 테니까.' 맞는 말이다. 한국의 고급 식당에서
된장찌개나 김치찌개를 팔지 않는 것과 같은 이치다.

3
주방에서
힘 자 랑 하 지
말라네

3
주방에서
힘자랑하지
말라네

주방이란 일찍이 앙뚜안 까렘(Marie-Antoine Carême, 근대 프랑스 요리의 선구자) 이후 남성호르몬이 불끈거리는 곳으로 변한 지 오래다. 보수적이고 권위적인 이딸리아 요리사들에게 여자요리사란 그저 쌜러드거리를 다듬거나 주방장에게 알랑방귀나 뀌는 존재로 비쳐지곤 한다. 엉뚱하게도 삐사 대학에서 고고인류학을 전공한 우리 주방장 쥬제뻬는 배운 사람답게 페미니스트 흉내를 내곤 했는데, 실상은 그렇지도 못했다. 한번은 최고의 여성요리사들을 선정한 『감베로 로쏘』(*Gambero Rosso*, '붉은새우'라는 뜻의 유명 미식잡지)를 보여줬더니, 픽 웃으며 손바닥을 두어번 까뒤집어 보였다. 별볼일없다는 이딸리아식 제스처다. 그가 연이어 입술을 실룩이며 고개를 외로 꼬는 모양이 '그까짓 여자들'이라는 뉘앙스를 풍겼다.

다행히 그는 요리사들을 두들겨패는 짓은 하지 않았다. 하지만 언어폭력은 대단했는데, 내게도 여러번 주방문을 열어주며 가식적인 웃음과 함께 '아리베데르치'라고 말했다. '안녕'이란 뜻이다. 차라리 개자식 운운하는 게 낫지 이게 더 무섭다는 건 서양인을 겪어본 사람들은 안다.

물론 'XX'로 시작하는 욕이 빠지지 않는다. 이건 부주방장 뻬뻬의 몫이다.

"오홋, XX, 그 염병할 호박을 왜 삶아두지 않았느냐고. 이 불어터진 스빠게띠 같은 자식아."

나야 머릿속에 있는 자가제작 통역기를 통해 듣는 욕이니 그다지 기분이 나쁘지 않았는데, 다른 녀석들은 얼굴이 벌겋게 달아오르는 걸 보면 꽤나 치욕스러운 욕인가보다. 한 녀석은 그길로 앞치마를 주욱 찢고는 두 배로 욕을 되갚아주고 집으로 가버렸으니까. 물론 저녁에 다시 돌아오긴 했지만.

물론 폭력도 난무한다. 나야 폭력이라면 축구장에서 대마초에 취한 인종차별주의자들에게 엉덩이를 실컷 걷어차인 것 외에는 그다지 겪어보지 않았지만 주방에서는 군대시절보다 지독한 폭력에 맞닥뜨리곤 했다. 뒤통수를 국자로 때리거나 등판을 솥뚜껑 같은 손으로 후려치는 정도야 양반이다. 안 그래도 몸에

털이 많은 이딸리아 요리사 녀석들은 종종 벌어지는 '불쇼'가 가장 무서운 모양이다. 또스까나의 한 작은 식당에서 일할 때 겪은 일이다. 주방장이 대드는 부주방장의 조리복에 그라빠(독한 포도 증류주)를 붓고 토치램프를 들이대는 협박을 목격하기도 했다. 정말 그 부주방장이 재빨리 부엌 뒷문으로 도망가지 않았다면 무슨 일이 일어났을지 모른다. 나중에 부주방장에게 물었더니 그가 도망칠 만했다.

"그 양반, 자기 마누라 치마에도 똑같은 짓을 한 사람이라구."

이 '불쇼'는 전국구인 모양이다. 내가 아는 밀라노의 한 셰프는 아예 별명이 '아첸디노'였다. 휴대용 라이터란 뜻이다. 그는 마음에 들지 않는 요리사가 있으면 요리용 그라빠를 녀석에게 부어버리곤 라이터를 켜들고 달려든다. 문제는 종종 협박이 아니라, 진짜 불을 붙여 피해자가 씽크대로 돌격하게 만든다는 것이다.

비좁은 주방에서 화끈한 오븐과 숯 그릴, 지글거리는 튀김솥을 껴안고 예닐곱 명의 혈기왕성한 이십대들이 북적거리다보면 이렇게 싸움이 나고 폭력이 일어나게 마련이다. '저, 빠스따 좀 얼른 삶아주시겠어요? 쌜러드 다 무치셨으면 접시 위에 올려놔주세요. 어머! 쏘스 만드는 걸 깜빡하셨다구요? 그럴 수도 있죠, 뭐. 괜찮아요.' 이럴 수는 없는 일이다. 실제 상황은 이렇다.

"야, XX. 빠스따 아직도 안 익었어? 이런 젠장, 다들 죽고 싶어서 환장했어? 그 썩을 쌜러드 아직도 무치고 있는 XX는 당장 그만두란 말이야, 이십분 동안 텃밭에서 쌜러드 키우고 있냐고, XX. 쏘스가 모자란다구? 네 심장에서 피를 뽑아서라도 얼른 만들엇, 썅!"

물론 'XX'란 당신이 화장실에서 사용하는 신체 일부이거나, 그 신체 일부가 침실에서 동작하는 상태를 일컫는다.

평화로운 주방이란 내 경험으론 그저 망하기 직전의 어느 식당 말고는 보지 못했다. 아, 물론 그 식당에서도 욕설은 흔했다. 주방장이 손님과 싸우면서 내지르던 욕설이다. 이런 식이다.

"그러니까 빌어먹을 스빠게띠가 너무 익었다 이거지? 스빠게띠를 내가 이십년 삶았지만 그따위 소리는 처음 들어봐, XX."

주방이 평화로운 건 못 참겠다는 듯, 스테이크를 굽는 프라이팬처럼 뜨끈뜨끈하게 달구는 건 동서양 어디든 마찬가지다. 욕쟁이들이 널려 있고, 폭력 취향을 드러내놓고 과시하는 녀석들이 버글거린다.

"도대체 손님들은 무슨 배짱으로 요리사에게 불만을 털어놓는 걸까."

『앗 뜨거워』(Heat)의 빌 버포드가 말했듯이, 테스토스테론이 넘치는 야성의 주방은 온통 '살상의 기운'이 가득해서 뭔가 위험해 보이지 않는가. 다행히도 그 위험한 기운이 주방 밖으로는 새어나가지 않아서, 요리사가 비무장 손님을 향해 공격을 했다는 소리는 들어보지 못했다. 그렇지만 비등점에 다다른 남성호르몬은 여지없이 폭발하게 마련이어서, 주방 안을 붉게 물들이는 게 다반사다.

폭력에 대해 유별나게 단호한 유럽과 미국에서 주방에서만큼은 폭력이 종종 용인되는 건 아이러니다. 『미슐랭 가이드』(*Michelin Guide*, 세계적인 레스또랑 평가 잡지) 별 따먹기 놀이가 횡행하는 동네일수록 더하다. 런던의 유명한 스타 셰프 고든 램지(Gordon Romsay)는 런던 요리사들 사이에서는 요리보다 주먹으로 더 유명하다. 그의 그런 캐릭터를 살린 게 인기 텔레비전 프로그램 '헬스 키친'(Hell's Kitchen)이다. 그는 프로그램에서처럼 정말 공포의 대상인데, 한때 축구선수였던 그 엄청난 파워로 요리사들을 두들긴다. 한번은 맘에 들지 않은 요리사를 주먹으로 정면 가격했는데, 이가 옥수수처럼 우수수 빠져버렸다. 그가 마치 쎈터링을 하듯 엉덩이를 걷어차거나, 필설로 옮기기 어려운 욕설을 퍼부어 어린 요리사가 그 자리에서 오줌을 쌌다는 목격담도 양념처럼 곁들여진다.

미슐랭급 정도 되는 대도시 식당의 주방은 서열 싸움을 벌이는 전쟁터가 된다. 한국은 대체로 연공서열이 적용되지만, 서양은 '얄짤없이' 실력순이다. 셰프가 어느날 미팅 때 누군가를 자기 옆에 세워놓고 '얘가 쑤 셰프(sous chef, 부주방장)야' 하고 못

박으면 그날로 서열이 뒤바뀐다. 그러니, 후배라도 셰프 눈에 들면 서열 뒤집기가 가능하고, 그걸 원천차단하려는 선배들의 무시무시한 핍박이 존재하게 마련이다. 오븐을 열고 무언가를 꺼내거나 넣을 때 실수인 척 툭, 치고 지나가는 건 숱하게 겪는 일이다. 얼굴에 화상을 입지 않으면 다행이다. 손바닥이나 팔뚝을 화려하게 불로 지진 자국이 없으면 요리사 대우를 받지 못하는 건 이런 현장의 상황과 관련이 있다.

기름솥에서 뭘 튀기고 있으면 그 옆을 지나며 무언가 '수분'을 넣어 기름을 튀게 한다. 그 수분의 정체가 밥맛 떨어지게 타액인 경우가 가장 많다. 튀어오른 기름은 얼굴이나 팔뚝을 지진다. 도마에서 양파 따위를 빠르게 썰고 있을 때도 조심해야 한다. 옆에서 건드리면 칼이 엇나가 양파 대신 손가락을 저밀 수 있다. 물론, 과장되게 '미안하다'는데, 뭐랄 수도 없다. 땅값 비싼 곳에 식당을 열었으니 주방은 좁게 마련이고, 좁으면 서로 몸을 건드리게 되는 걸 악용하는 거다. 후배가 잘하면 시기요, 못하면 핍박이다. 이래저래 맞고 크는 건 서양 식당의 오랜 전통처럼 자리잡았다.

그러나 일방적으로 후배가 당하고만 살지는 않는다. 런던에서 고든 램지와 함께 일했던 후배 녀석의 증언을 들어볼까.

"매일 셰프에게 당하던 한 녀석이 칼로 셰프의 허벅지를 찔렀어요. 문제는 그 칼이 멋진 회칼이 아니라 자그마한 과도였던 거죠. 칼을 맞은 셰프는 너무 갑작스러워 자기 허벅지에 박힌 칼을 어쩌지도 못하고 웃으며 내려다보고만 있었죠. 얼떨결에 찌른 녀석은 더 큰 충격을 받은 것 같았어요. 글쎄 징징 울고 있더라니까요. 허벅지에 꽂힌 그 과도의 빨간 손잡이가 파르르 떨리던 장면이 생생하게 기억나는군요."

비좁은 주방에서 화끈한 오븐과 숯 그릴,
지글거리는 튀김솥을 껴안고 예닐곱 명의 혈기왕성한 이십대들이
북적거리다보면 이렇게 싸움이 나고 폭력이 일어나게 마련이다.
'저, 빠스따 좀 얼른 삶아주시겠어요? 쌜러드 다 무치셨으면
접시 위에 올려놔주세요. 어머! 쏘스 만드는 걸 깜빡하셨다구요?
그럴 수도 있죠, 뭐. 괜찮아요.'
이럴 수는 없는 일이다.

4
리틀맥
vs
빅맥

4

리틀맥
vs
빅맥

　　주방장 쥬제뻬가 자그마한 빵을 빚고 있다. 동그란 빵 사이에 상추를 깔고 작은 고기조각과 방울토마토 썬 것, 스깔로뇨라고 부르는 새끼양파를 구워 얹었다. 어디서 많이 보던 모양이다. 이게 뭐야? 그는 씩 웃으며 장난스럽게 대꾸했다.
　　"맥도널드 몰라? 빅맥!"
　　주방 식구들이 파안대소했다. 오늘 저녁 미국 기자들이 방문한다는 전갈을 받았다. 로마에 있는 쥬제뻬의 친구 주방장의 소개였다. 이 멀리 씨칠리아까지 뭘 취재할 게 있다구…… 쥬제뻬는 못마땅한 듯 내뱉으면서도 뭔가 보여주고 싶어했다. 가짜 피자와 미트볼 스빠게띠밖에 모르는 미국놈들이 이딸리아를 알기

지중해 태양의 요리사　43

나 해?

결국 그날 저녁 메뉴에는 특별요리가 올라갔다. 영어로 번역하면 '리틀맥=더 패러디 오브 빅맥'이었다. 패러디엔 원래 '조롱'이란 뜻이 있다. 홀과 통하는 쪽문 유리창을 통해서 미국 기자들의 반응을 보느라고 다들 난리였다. 덩치가 산만한 미국 기자들이 포크와 나이프로 밤톨만한 햄버거를 써느라 끙끙대는 꼴이 우스워 또 한번 주방이 뒤집어졌다. 쥬제뻬가 여기에 불을 질러 또 한번 웃느라 요리를 못할 지경이 됐다.

"코카콜라 따위는 안 판다고 해!"

프랑스 농부 조제 보베가 프랑스 남부의 미요라는 도시의 맥도널드 매장을 트랙터로 밀어버린 이래 가장 통쾌한 조롱이었다. 사실, 보베의 화끈한 트랙터쇼가 양키들의 패스트푸드 산업의 유럽 진출에 경종을 울렸지만 원조는 이딸리아 사람들이었다. 1970년대에 로마 스페인광장 옆에 유서 깊은 나이트클럽 자리를 인수한 맥도널드가 이딸리아 최초의 분점을 내자, 이딸리아의 언론인과 사회운동가들이 대형 집회를 연 사건이 있었다. 이 모임의 참가자들은 후일 '슬로우푸드'(Slow Food)라는 단체를 결성하고 지금도 활동하고 있다. 한국에도 지역협회가 있는 저명한 단체가 됐다.

그러나 이딸리아인들의 미국에 대한 태도는 이중성을 가지고 있다. 빅맥은 양키들이나 먹는 쓰레기음식으로 치부하지만,

코카콜라 없이 피자를 먹지 못하는 건 어느 나라 습관이냔 말이다. 이딸리아의 피자집에서는 맥주나 와인보다 코카콜라가 더 많이 팔리지 않는가. 그래서 콜라를 부르는 이름도 아예 상표 그대로 '꼬까'(Coca)다. 부주방장 뻬뻬의 대꾸가 가관이다.

"음, 그건 상호주의 같은 거야. 거, 곤란하게 묻지 말라구."

상호주의? 뉴욕에 피자와 젤라또 기술이 건너가면서 로열티를 받았다는 말은 들어본 적도 없는데 웬 상호주의란 말인가.

"대신 마피아가 있잖아. 피자집과 젤라또 집들이 마피아에게 세금을 바치지 않았냐구."

아차, 마피아! 그렇다. 씨칠리아는 오랫동안 뉴욕 마피아에게 조직원을 공급했다. 패밀리에 대한 충성심은 씨칠리아인의 오랜 전통이다. 뉴욕 마피아가 그 지독한 검속에도 꿋꿋이 명맥을 유지하고 있는 것은 어쩌면 조직을 우선시하는 씨칠리아인의 전통이 남아서인지도 모른다. 그리고 보면 씨칠리아에는 지금도 뉴욕 마피아의 원조 '꼬자 노스뜨라'(Cosa Nostra, 우리들의 힘, 우리들의 권력이란 의미)가 있다. 꼬자 노스뜨라는 오래전 씨칠리아의 지주계급에 대한 저항운동에서 출발했다. 수탈당하던 소작농들은 가족과 혈연을 중심으로 조직을 만들어 똘똘 뭉쳐 싸웠는데, 범죄조직으로 변한 이후에도 씨칠리아에 남아 있다. 그냥 남아 있는 정도가 아니라 자신들을 수사하는 판사를 차와 함께 폭탄으로 날려버릴 정도다.

지중해 태양의 요리사

쥬제뻬에게 "누가 이 마을 마피아 조직원이야?" 하고 물었더니 그는 집게손가락을 입에 갖다대면서 소곤거렸다.

"바로…… 내가 대장이지."

옆에 있던 뻬뻬가 웃는 바람에 농담인 줄 알아챘지만, 그가 워낙 진지하게 연기하는 바람에 진짜로 착각할 뻔했다. 사실, 쥬제뻬의 말에 따르면 어떤 도시나 마피아 조직원들이 있다. 가족 중심의 조직구성이 마피아의 특성이라 평범하게 일하고 있는 자영업자들이 대부분이다. 그러니까, 정육점 뻬에뜨로와 목공소 마르꼬, 생선가게 루까가 모두 조직원일 수 있다는 얘기다. 하나같이 날 선 연장(!)을 소지한 걸 보면 그럴 개연성이 농후하다.

마피아는 종종 공공기관을 접수해서 부정 수입을 올리는 걸 즐긴다. 마피아니까 당연하다. 옛날엔 산적처럼 길을 가로막고 통행세를 받았다고 하니까. 마을 한가운데에 간혹 나도 이용하는 공공화장실이 있었다. 중노인 둘이서 사용료를 받았다. 유료 화장실이 흔한 나라니까 별 생각 없이 돈을 내곤 했는데, 화장실 근처에 씌어 있는 낙서에서 천기누설하는 글귀를 발견하고 말았다.

"화장실을 지키고 있는 녀석들이 마피아다!"

그들이 진짜 마피아였는지는 알 수 없다. 다만, 뻬뻬에게 물었더니 그저 "원래는 돈 내는 거 아니야"라고 간접 확인만 해주었을 뿐이다.

나는 그들이 마피아가 아니길 빌었다. 낡은 가죽조끼에 헌팅캡을 쓴 그 노인네들의 행색은 마피아에 대한 환상을 박살내기에 충분했다. 적어도 가죽장화에 가죽코트는 입고 있어야 하는 거 아냐? 쯧, 마피아가 고작 화장실에서 동전이나 털어먹다니. 용납할 수 없는 일이었다.

미파아가 화장실 동전털이에 나선 게 언제부터인지는 알 수 없지만, 오랫동안 관광객의 호주머니를 턴 건 사실이다. 씨칠리아에서 한적한 지방도로를 달리다가 '도로보수중 길 없음'이라는 표지판을 보게 된다. 예고 없는 공사에 분개하며 차를 돌리기도 애매한 곳에서 씩씩대다보면 근처에 어김없이 식당과 바가 있다. 주인이 나와서 '곧 길이 뚫리니 우선 요기나 하고 가라'고 친절하게 안내한다. 다행히 음식은 맛있다. 씨칠리아에 솜씨없는 요리사는 없으니까. 충분히 배를 불리면 주인이 길이 뚫렸다고 또 친절하게 알려준다. 나가보면, 주인의 식구가 어리숙하게 표지판을 치우고 있다. 공사 흔적이 있을 리 없다. 당신은 마피아에게 기금을 바친 셈이다. 그래도 노여워하지 마시라. 음식값은 충분히 쌌고, 맛은 놀라울 지경이었을 테니까.

그날 저녁 메뉴에는 특별요리가 올라갔다.
영어로 번역하면 '리틀맥＝더 패러디 오브 빅맥'이었다.
패러디엔 원래 '조롱'이란 뜻이 있다. 홀과 통하는 쪽문 유리창을 통해서
미국 기자들의 반응을 보느라고 다들 난리였다.
덩치가 산만한 미국 기자들이 포크와 나이프로 밤톨만한 햄버거를
써느라 끙끙대는 꼴이 우스워 또 한번 주방이 뒤집어졌다.
쥬제뻬가 여기에 불을 질러 또 한번 웃느라 요리를 못할 지경이 됐다.
"코카콜라 따위는 안 판다고 해!"

5
한여름밤의
전갈
소동

5
한여름밤의
전갈
소동

피자집 '라 꼰떼아'는 쌀바또레 꽈지모도의 생가로 가는 길 골목에 있다. 꽈지모도라면, 노트르담의 꼽추를 떠올리기 십상이다. 그러나 그는 1959년에 노벨문학상을 받은 씨칠리아의 시인이자 작가다. 그는 1901년에 수도 로마보다 북아프리카의 튀니지가 훨씬 가까운 씨칠리아 남단의 이 시골도시에서 태어났다. 과문한 탓에 그의 글을 읽어보지는 못했지만, 그는 청년기에 잔혹한 파씨즘 시대를 겪으면서 공산주의자로 단련되었다고 한다. 생가에 걸린 사진 속에서 그는 멋진 콧수염을 기른 모습으로 방문객을 빤히 바라보고 있다.

'라 꼰떼아'는 아마 꽈지모도도 자주 들렀을 게 틀림없다. 지금은 피자집이 두엇 더 생겼지만, 오래전에는 유일한 피자집이었던 까닭이다. 어쨌든 라 꼰떼아의 피자는 공산당이든 자본가든 홀딱 반하게 만들만큼 기막히다. 돼지기름과 천일염을 넣고 만든 피자 반죽은 짭짤한 간이 절묘하고, 둘레는 바삭하고 치즈가 올라앉은 안쪽은 촉촉하기 그지없다. 종일 주방에서 시달리다가 자정이 돼서야 숙소로 돌아갈 때면 나는 이 피자집을 그냥 지나치지 못한다. 피자 한판에 찰떡궁합인 생맥주 한잔을 걸치는 그 맛이란!

이딸리아에서는 아무 때나 둥그런 피자를 먹을 수는 없다. 장작을 때는 화덕을 갖춘 전통 피자집은 저녁에야 문을 열기 때문이다. 관광객이 우글거리는 대도시도 사정이 다르지 않다. '피자 아 따볼라!' 해석하면 '식탁에서 먹는 피자'는 오직 저녁을 위한 외식이다. 낮에 먹을 수 있는 피자는 잘라서 파는 조각 피자뿐이다. 맛은 비교가 불가능하다. 모쪼록 이딸리아 여행을 할 때는 반드시 저녁시간에 피자집에 들르시길. 피자의 진면목은 어둠이 내려야 시작된다. 씨칠리아처럼 낮이 대책없이 긴 남쪽이라면 밤 아홉시가 넘어야 피자집이 바글거리기 시작한다.

이딸리아 피자의 원조는 나뽈리다. 확실히 나뽈리 피자와 그 밖의 지방 피자는 스타일이 다르다. 나뽈리 피자는 더 두껍고 도우를 거뭇거뭇하게 익혀낸다. 맛은 더 짜고 진하며 토핑이 단순하다. 이딸리아 농무부인지 나뽈리 피자협회인지 하는 곳은 꽤 할일이 없는가보다. 그들은 최근에 '나뽈리 피자의 여덟 가지 규정'을 만들어냈다고 한다. 전세계 어디든 이 규정을 지켜 피자를 만들면 인증서를 내준다. 지금까지 삼백개가 넘는 피자집이 인증서를 받았다고 한다. 그 내용을 보면 이렇다.

1. 전기화덕은 안되며 반드시 장작화덕이어야 한다.
2. 온도는 섭씨 485도로 한다.
3. 형태는 둥근 모양이어야 한다.
4. 반죽은 손으로 해야 한다.
5. 두께는 2쎈티미터 이하여야 한다.
6. 피자 가운데는 0.3쎈티미터 이하여야 한다.
7. 촉감이 쫄깃하고 부드러우며 쉽게 접을 수 있어야 한다.
8. 토핑은 토마토쏘스와 치즈를 사용한다.

솔직히, 이런 규정은 현장에서 웃음거리가 되곤 한다. 우리가 비빔밥을 인증하자며 '시금치와 당근의 길이는 3쎈티미터 이하여야 하고, 고추장의 농도는 수분 28퍼쎈트 이하여야 하며, 쇠고기를 볶는 프라이팬의 온도는 중불 이하로 맞춰야 한다'고 하면 헛웃음을 자아낼 게 뻔하지 않은가. 스스로 진짜라고 생각한다면 인증서 같은 걸 이마에 붙일 필요 없이 점잖고 묵묵하게 피자를 구워내면 된다. 진짜배기인데다가 맛있으면 인증서 없이도 줄을 서게 마련이다. 진품은 누가 봐도 알아주니까 겁먹을 건 없다네.

라 꼰떼아의 명물은 돼지기름을 듬뿍 넣은 피자반죽도 아니고, 해물과 루꼴라를 얹은 특제 피자도 아닌 피자 기술자 마리오다. 그가 반죽을 펴는 모습을 보노라면 '신기(神技)'라고밖에 설명할 수 없다. 그는 기계의 힘을 빌리지 않고 오직 손으로만 하루 수백장의 피자반죽을 편다. 이딸리아의 명물 동네 피자집이 그러하듯이 말이다.

그가 반죽을 펴는 동작을 찍어 유튜브에 올리지 못한 게 통탄할 일이지만, 어쨌든 필설을 동원하면 이렇다. 먼저 하얀 공처럼 발효된 반죽을 왼손으로 재빨리 집는다. 그 반죽을 오른손으로 획 던지듯 밀면 오른손은 다시 가볍게 토스하듯 왼손으로 반죽을 보낸다. 그 순간! 반죽은 마술처럼 널따란 원반 모양으로 펴지기 시작한다. 이 동작을 마치 어린애 뺨 때리듯 서너 번 반복하는데 정말 손이 보이지 않게 빠르다. 어느새 반죽은 한 움큼의 치즈와 한 국자의 토마토쏘스, 토핑을 얹을 만큼 넓게 펴졌다. 스톱워치를 동원하면 아마도 5, 6초의 순간에 이루어지는 작업임을 확인할 수 있을 것이다.

마리오는 그렇게 20여년을 그 자리에 서서 반죽을 폈다. 팔뚝의 털이 허옇게 보이는 것이 밀가루 때문인지 원래 그런 색인지 모르게 그도 나이가 들었다.

"이제 이 짓도 할 사람이 없어. 요리하겠다는 애들은 많지만 피자하겠다는 애들은 없어. 쟤들? 다 아르바이트야. 직업이 아니라구. 고급요리한답시고 접시에 그림이나 그리려고 들지."

그가 씁쓸하게 웃는다. 하긴, 피자 기술자는 요리사 대접을 받지 못한다. 평생 피자를 빚어봐야 '미슐랭'에서 별을 주지 않는다. 젊은이들이 기피하는 식당업계의 3D 업종이다. 어느덧 그 신기한 기술을 '롤러'라고 부르는 기계가 대신하기 시작했다. 한국에 만두 기술자가 사라지고, 자동 만두포장기계가 등장했듯 말이다. 마리오의 팔뚝이 늙고 쇠락해 더이상 재빨리 반죽을 펼 수 없게 되면 유서 깊은 피자집 라 꼰떼아도 문을 닫을지 모른다.

한동안 라 꼰떼아에서 기술을 배우겠다고 마리오의 조수 노릇을 하다 때려치운 바 있는 알레싼드로가 멋진 흰색 수병 제복을 입고 나타났다. 첫 휴가를 받아 고향에 온 것이다. 까맣게 탄 얼굴이 고생깨나 하는 듯 보였는데, 이딸리아 남자들이 가장 끔찍하게 생각하는 군대생활이 어디 만만할쏘냐.

이딸리아 사람들은 남과 같은 걸 도저히 용납하지 못한다. 당신이 이딸리아 도시를 여행하다가 맘에 드는 물건을 발견했다면 얼른 사야 한다. 한국에서처럼 '다른 가게에서 사지 뭐' 했다가는 영영 그 물건을 살 수 없다. 심지어 베네똥 같은 슈퍼 브랜드조차도 가게마다 구색이 많이 다르다. '남과 같은 옷을 입지 않는' 이딸리아 사람들의 취향을 잘 알기 때문이다. 다품종 소량 생산을 기본으로 하는 명품산업이 발달한 것도 이런 이딸리아적 태도와 관련이 있다. 그러니, 똑같아야 사는 군대생활을 어떻게 견디겠냐고.

알레싼드로가 그 끔찍한 군대생활에 대해 푸념을 늘어놓자—그는 일요일 저녁 특식으로 냉동피자가 나오는 것을 성토하고 있었다—마리오가 킬킬 웃는다.

"어이, 슬리퍼! 피자 조수도 하기 싫다면서 냉동피자나 먹어야지 별수 있어?"

슬리퍼란 알레싼드로의 별명인데, 피자반죽을 슬리퍼처럼 축축 늘어지고 볼품없이 만들어놓는다고 마리오가 붙였다. 둘의 수작을 보며 나는 일없이 히죽거렸다. 딱 열 달짜리 군대생활을 하며 고생합네 하는 알레싼드로도 웃겼지만, 맛이 있든 없든 피자에 스빠게띠, 스테이크와 띠라미쑤까지 주는 군대생활은 할 만한 거 아닌가 하는 엉뚱한 생각이 떠올랐던 것이다.

생맥주 한잔에 얼큰해져서 집에 가는 길은 일부러 걸음을 늦췄다. 땀을 덜 흘려야 받아놓은 빗물로 찔끔거리며 하는 샤워가 조금이라도 수월하기 때문이다. 안경을 벗고 샤워기에서 졸졸거리는 물에 몸을 맡기고 있는데, 수도꼭지 근처에서 뭔가 꿈틀거리는 게 보였다. 안경을 쓰고 그 '꿈틀이'를 확인한 나는 잠시 혼란에 빠졌다. 아니, 집에 웬 갯가재가 있지?

그놈이 전갈이라는 걸 깨닫게 된 건 오래지 않아서였다. 집 구석구석을 뒤지니 이건 동물원이 따로 없었다. 전갈이 두어 마리 더 있었고, 도마뱀도 뭐 먹을 게 있다고 서너 마리가 돌아다녔다.

다음날, 주방장에게 전날의 소동을 얘기했더니 그가 심드렁하게 대꾸했다.

"씨칠리아 전갈은 사람은 안 건드리니까 걱정 마. 모기 잡아먹으려고 있는 거야. 좀 물더라도 참고 모기를 너무 잡지 말라구."

그렇다면 모기를 다 잡아먹으면 전갈이 내게 달려들 수도 있다는 얘기였다. 귀가해서 내가 가장 먼저 하는 일은 방충망을 치는 것이 아니라, 창문을 활짝 열고 모기를 초청하는 것이었다. 문제는 내 방에 서식하고 있는 전갈의 식성과 위의 용량을 내가 모른다는 사실이었다. 얼마나 모기를 먹어야 내게 달려들지 않을지 알 수 없으니 나는 가급적 더 많은 모기를 불러들여야 했다. 나는 밤새 모기에 시달렸다. 아마도 모기가 더 극성스러운 날은 전갈이 식욕을 잃고 앓아누운 날이었을 게다.

그가 반죽을 펴는 동작을 찍어 유튜브에 올리지 못한 게
통탄할 일이지만, 어쨌든 필설을 동원하면 이렇다.
먼저 하얀 공처럼 발효된 반죽을 왼손으로 재빨리 집는다.
그 반죽을 오른손으로 휙 던지듯 밀면 오른손은 다시 가볍게 토스하듯
왼손으로 반죽을 보낸다. 그 순간! 반죽은 마술처럼 널따란
원반 모양으로 펴지기 시작한다. 이 동작을 마치 어린애 뺨 때리듯
서너 번 반복하는데 정말 손이 보이지 않게 빠르다.

6
라비올리를
삶아라

6
라비올리를 삶아라

예전부터 이딸리아는 노동자가 살 만한 나라였다. 나라를 구렁텅이에 빠뜨렸던 파씨즘에 대한 나쁜 기억이 노동자 중심의 좌파정권을 지탱해줬다. 일년에 한두 달은 바깡스고, 점심시간은 자그마치 서너 시간을 보장받았다(물론 신자유주의 물결이 강타한 요즘에야 언감생심이지만, 그래도 자영업자나 소도시 직장인의 점심시간은 세 시간이다). 바깡스 씨즌에는 마피아도 체포로부터 안전하다는 우스갯소리가 있을 정도다. 검사와 형사도 바깡스를 가야 하기 때문이다. 실제로 이런 직업인들도 한두 달의 바깡스를 간다. 이들에게 바깡스는 선택이 아니라 필수다.

그러나 식당 노동자만은 예외다. 남들 다 노는 바깡스 씨즌과 주말이 더 바쁘다. 주당 7, 80시간 근무가 예사이고, 하루종일 식당에서 살아야 한다. 그렇다고 초과근무수당도 없다. 오직 '그랑 셰프(위대한 요리사)'가 되기 위한 수련의 과정일 뿐이다. 웬만한 연예인 뺨치는 인기에 높은 수입이 보장되고, 대통령이나 수상과도 맞먹을 수 있는 최고 요리사의 자리를 꿈꾼다. 우리나라 대통령이나 재벌회장이 자신이 주최한 만찬장에 주방장을 모시고 감사와 존경을 바치는 광경을 떠올려봤는가. 그야말로 스빠게띠 불어터지는 소리다. 그러나 유럽에서 위대한 요리사를 대하는 태도는 상상 이상이다. 텔레비전에서 수상과 요리사가 어깨동무를 하고 수작을 거는 장면을 보는 게 어렵지 않다. 어떤 쇼 프로그램에서는 '비싸니'라는 스타 요리사(이름이 재미있게도 정말 'Vissani'다)를 파파라치처럼 따라붙기도 했다.

자명한 얘기지만, 모든 요리사가 그랑 셰프가 될 수는 없다. 고단한 일상과 박봉만이 그들을 기다린다. 그래서인지 흡연율이 가장 높은 직업 중에 요리사가 속한다. 정작 담배를 멀리해야 할 직업인데도 말이다. 그것도 모자라 대마초(이미 청소년들의 기호품이 되어버린) 흡연도 아주 흔하다. 부주방장 뻬뻬는 물론이고, 와인 담당 루까도 대마초를 입에 달고 살았다. 한모금 쫘악 빨면 눈 주위가 빨개지면서 녀석들은 세상사 다 부질없다는 행복한 표정을 지어 보였다. 단속은 없냐고? 이딸리아에서는 아직 명목상 불법이지만, 유럽은 대마초가 더이상 위험물질이 아닌 세상이 되어버렸다. 경찰 앞에서 대놓고 피우지만 않으면 그럭저럭 즐기고 살 만한 형편이라고나 할까.

당신이 유럽 대도시의 뒷골목을 걷다보면 허름한 차림의 사내가 재빨리 당신에게 달라붙는 경우가 있을 것이다. 그는 소매치기 아니면 마약 장사일 게 틀림없다. 언젠가 나는 밀라노 거리를 걷다가 이상한 기척에 깜짝 놀랐다. 누군가 내 귀를 애무하듯, 뜨거운 입김을 불어넣었던 것이다. 대도시에는 수염 없는 동양인을 사랑하는 못된 녀석들이 출몰한다는 건 알고 있었지만, 하필 내가 될 게 뭐람. 나는 깜짝 놀라 전투적인 눈빛으로 그 성도착 혐의 피의자 녀석을 째려보았다. 녀석은 나보다 더 놀라 어깨를 으쓱하며 조그맣게 뇌까렸다.

"초꼴라또……"

진짜 초콜릿이라고 착각하지는 말기 바란다. 마치, 옛날 청계천 세운상가에서 '명화 볼래?' 하고 접근하는 포르노 삐끼가 진짜 명화를 틀어주지는 않는 것과 같은 이치다. 초꼴라또는 마치 초콜릿처럼 작고 단단한 검은색의 마약, 그러니까 해시시 덩어리를 의미하는 것이다. 하긴, 담배는 구름과자 아니던가. 으흠, 애들은 가라. 해시시 만드는 법을 알려주어야 하니까. 해시시는 대마초와 달리 약효가 엄청나므로 성냥대가리만큼만 떼어서 숟가락에 녹인다. 그걸 손가락으로 주물러 담배가루에 넣고 말아 피운다. 뭐, 대략 '추적 60분'에 등장하는 '재연' 장면과 흡사하니 알아서들 상상하기 바란다. 다행인 건 해시시를 한다고 해도 누군가를 공격한다거나 옥상에서 뛰어내리지는 않는다는 것.

대마초와 해시시를 피워댈 만큼 안 그래도 힘든 주방 노동에 불을 지르는 일이 있다. 바로 만두 빚기다. 알다시피 이딸리아에는 한국의 만두처럼 생긴 라비올리가 있다. 한국 만두와 다른 점은 속을 채우는 소보다 피를 더 중시한다는 점이다. 이딸리아 만두, 즉 라비올리는 껍질의 '순도'와 기술을 더 중요시한다. 하긴, 한국의 만두도 피를 얼마나 잘 반죽하고 빚느냐에 따라 맛이 크게 달라지지 않던가. 손반죽한 피와 기계로 찍어낸 인스턴트 피는 만두의 품질을 가를 정도로 결정적인 맛의 차이가 나게 한다.

라비올리를 잘 만들려면 역시 피를 잘 빚어야 한다. 달걀을 넣어 노란색으로 반죽한 밀가루 덩어리를 아주 얇게 펴는데, 마치 얼굴이 비칠 것처럼 반투명하게 밀어야 한다. 기계를 쓰기도 하지만, 역시 기다란 밀방망이가 제격이다. 요리사가 털이 숭숭한 우람한 팔뚝으로 길이가 1미터가 넘는 밀방망이를 유연하게 다루는 모습은 장인의 경지가 느껴진다.

라비올리는 원래 이딸리아 중북부에 있는 에밀리아 지방에서 시작되어 전국적으로 전파된 음식이라고 한다. 작가 움베르또 에꼬가 사는 볼로냐와 타계한 테너 루치아노 빠바로띠의 고향 모데나가 이 지방에 속한 도시다.

　이딸리아의 라비올리는 모양도 맛도 다양하다. 동그랗거나 반달 모양의 만두는 라비올리(평양식 왕만두처럼 훨씬 크게 만들면 라비올로네라고 부른다), 개성식으로 반달 모양의 만두 끝을 붙여 둥글게 말아 만든 것은 또르뗄리, 또르뗄리보다 더 작게 만든 것은 또르뗄리니라고 한다. 소는 무엇이든 넣는다. 그래서 쓰다 남은 재료는 모두 라비올리 소로 처리되기도 한다. 혹시 당신이 어떤 이딸리아 식당에서 '여러가지 재료를 넣은 라비올리'라는 메뉴를 발견한다면 그 '여러가지'의 의미를 짐작할 수 있을 것이다. 더이상 내게 묻지 마시라. 나는 음식을 팔지언정, 조직은 팔지 않으니까.

　어쨌든 라비올리는 이딸리아 식당의 인기 메뉴다. 손님들이란 원래 요리사들이 골탕먹게끔 손이 많이 가는 음식을 시키게 되어 있는 족속들이다. 일주일은 족히 쓸 만큼 잔뜩 빚어놓은 라비올리가 이틀이면 소진되어 밤새 반죽을 밀어야 하는 일도 생긴다. 그래서 부주방장이자 대마초꾼 뻬뻬가 일찍이 명명했건대 '엿 같은 라비올리'가 된 것이 아니던가.

　"내가 이 걸레 같은 라비올리나 빚으려고 요리사가 된 줄 알아? 이런 건 할일 없는 할머니들 일이라구. 저기 북쪽 그래, 에밀리아, 그 동네 뚱뚱한 할머니들이 하는 일이라구, 젠장."

　실제 북쪽 지역 라비올리 고향에서는 지금도 할머니 손맛의 라비올리가 인기있고, 값도 비싸다. 방귀깨나 뀌고 사는 나라일수록 '가정식'이라는 이름이 붙으면 음식이 비싸진다.

어쨌든 영업시간에 라비올리 주문이 들어오면 펄펄 끓는 소금물에 크기에 따라 세 개든, 다섯 개든(대개 홀수로 나가는데 이건 동서양이 비슷하다) 라비올리를 던져넣는다. 라비올리가 잘 익었는지 판단하는 방법은 딱 두 가지다. 하도 빠스따를 삶아대어 걸쭉해진 소금물이 마치 마귀할멈의 탕약처럼 거품을 부글부글 뿜어내는 사이로 라비올리가 둥둥 떠오르면 일단 익었을 가능성이 짙다. 그러나 여기에 함정이 있다. 냉동해두었던 라비올리라면 아직 속은 차갑고 냉정한 상태로 토라져 있을 게 분명하다. 이런 상태로 손님에게 나갔다간 주방장 말대로 '차가운 디저트를 너무 일찍 내보내면 가게 문을 닫아야' 하는 결과를 초래한다. 그러니 떠오른 라비올리가 충분히 사랑받도록 거품 사이로 3, 4분 방치해두는 쎈스가 필요하다. 라비올리는 뜨겁게 차오른 열기를 콧김처럼 피 밖으로 뿜어내면서 저 혼자 들떠 빠스따 솥 안에서 빙빙 돌아다닌다. 이때 낚시하듯 체로 슬쩍 건져내면 되는 일이다.

프로라면 라비올리가 떠오른 후 색깔로 판단한다. 라비올리 귀가 쭈글쭈글하면서 야들야들하게 바뀌고, 노란색 반죽 표면이 투명하게 바뀌는 타이밍이 있다. 아아, 아직 서두르지 마시라. 그러고도 1분의 시간이 더 필요하다. 돌반지처럼 싱싱한 황금색이 아니라, 빛바랜 할머니 반지 같은 희미한 금색으로 빛날 때가 비로소 라비올리가 다 익은 싯점이다. 이제 건져내어 지글거리며 버터가 녹아가는 팬에 던진 뒤 딱 두 번 휘저어 접시에 담는다. 잊지 말 것은 쎄이지 잎을 하나 따서 버터에 향을 우려내주어야 한다. 입술을 번질번질하게 만드는 뜨겁고 고소한 버터에 매혹적인 쎄이지 향! 포크와 나이프로 라비올리를 가르면 훅 김을 뿜어내며 속을 토해놓는다. 대강 삶아내도 별 차이가 없는 인스턴트 스빠게띠 따위야 누가 하든 별 차이가 없지만, 라비올리는 거짓말을 못한다. 그 식당의 솜씨를 만두소 까발리듯 보여주는 것이다. 이딸리아 식당에 미슐랭이 별을 줄 때는 이처럼 고약한 관점으로, 요리사를 골탕먹이는 복잡한 라비올리를 얼마나 잘 만드느냐를 기준으로 삼을 게 분명하다. 그래서 뻬뻬의 말대로 '엿 같은 라비올리'인지도 모른다.

　라비올리에 들어가는 소는 엄청나게 다양한데, 그중에서도 고기와 버섯은 단골메뉴다. 쥬제뻬도 가을이면 야생버섯을 따서 소로 쓰는 걸 즐긴다. 11월이면 북부 삐에몬떼에서는 트러플(truffle), 즉 송로버섯 때문에 난리법석이 일어난다. 송로버섯 중에서도 최상급으로 치는 하얀 송로버섯 축제가 벌어지기 때문이다. 반면 최남단 씨칠리아에서는 소박한 버섯요리를 조용히 준비한다. 바로 한국의 송이버섯과 비슷한 뽀르치니 버섯이 주인공이다.

　쥬제뻬가 새벽같이 나를 깨워 차에 태우곤 두어 시간을 달려 활화산 에뜨나에 도착했다. 수시로 마그마를 뿜어내기 때문에 주민들이 쫓겨나 폐허처럼 변한 산간마을을 지났다. 산 중턱에 오르자 망태기를 맨 할아버지들이 웅성거리고 있었다. 막 산에서 따낸 뽀르치니를 수매하는 현장이었다. 마치 송이처럼 기막힌 향을 뿜는 뽀르치니들을 제각각의 모양대로 망태기에서 부리고 중량을 달았다. 킬로그램당 만오천원. 산지라 기막히게 좋은 가격이다. 지역에서 모인 주방장들이 연방 서로 끌어안으며 얼굴을 부빈다. 뽀르치니를 사러 온 김에 친구 요리사들도 해후하는 만남의 광장으로 변했다.

　뽀르치니는 이딸리아 사람들이 열광하는 식재료다. 말려서 일년 내내 먹을 수 있으며, 식당 매출을 올려주는 효자 품목이다. 특히 신선하게 요리할 수 있는 11월과 12월은 아예 거의 모든 메뉴가 뽀르치니로 일관된다. 뽀르치니 라비올리는 물론 온갖 종류의 군침 도는 빠스따 다섯 가지, 뽀르치니를 곁들인 양고기 그릴, 뽀르치니를 볶고 삶고 회쳐서 내는 각종 요리들……

　그중 가장 간단하면서 최고의 맛을 내는 요리는 뽀르치니 딸리아뗄레다. 딸리아뗄레는 조금 넓적한, 달걀반죽 빠스따의 이름이다. 우선 뽀르치니를 얇게 편으로 썰어 준비해둔다. 팬에 버터와 올리브유을 반씩 두르고 마늘 한 쪽을 넣는다. 마늘이 익으면 꺼내 버리고, 뽀르치니를 살짝 볶는다. 딸리아뗄레가 구수하게 삶아지면 팬에 넣고 국수 삶은 물 한 국자와 함께 잘 비비면 완성이다. 이 요리는 고난도의 어떤 기술도 필요없다. 그저 최고로 신선한 뽀르치니를 장만하는 것이 비법이라면 비법이다. 주방장이 새벽같이 에뜨나 산으로 차를 몰고 가던 길이 바로 요리가 시작되는 순간이었다.

어쨌든 라비올리는 이딸리아 식당의 인기 메뉴다.
손님들이란 원래 요리사들이 골탕먹게끔 손이 많이 가는 음식을
시키게 되어 있는 족속들이다. 일주일은 족히 쓸 만큼 잔뜩 빚어놓은
라비올리가 이틀이면 소진되어 밤새 반죽을 밀어야 하는 일도 생긴다.
그래서 부주방장이자 대마초꾼 뻬뻬가 일찍이 명명했건대
'엿 같은 라비올리'가 된 것이 아니던가.

7
요리 방송에 출연한 쥬제뻬

7
요리 방송에 출연한 쥬제뻬

"저, 저…… 다리 좀 봐. 오, 감베!"

쥬제뻬의 부인 씨뇨라 마리아가 질투심 섞인 눈빛으로 스튜디오를 바라보았다. 그녀가 남편과 얘기를 나누고 있는 여성 앵커를 내게 가리켰다. 정말 대단한 '감베'(gambe, 다리)가 아닐 수 없었다. 모짜렐라 치즈처럼 하얗고 탱탱한 다리가 짧은 치마 사이로 길게 뻗어 있었다. 미니스커트를 입고 다리를 꼰 채 낮은 쏘파에 앉았으니, 쥬제뻬가 연방 'NG'를 내는 건 그것 때문인지도 몰랐다. 씨뇨라 마리아, 이 불쌍한 부인은 높은 조명 아래서 진땀을 흘리고 있는 남편과 부창부수하느라 그랬는지 보기에도 딱하게 함께 땀을 뻘뻘 흘렸다. 그 허연 '감베'에 대한 질투 때문인지, 불안한 남편의 인터뷰 때문인지 알 수 없었지만 말이다.

쥬제뻬는 쏘파에 앉아 여성 앵커와 인터뷰를 하면서도 눈길을 어디에 둘지 몰라 쩔쩔매고 있었다. 연방 '컷' 싸인이 들리고, 이 촌뜨기 주방장과의 인터뷰는 순조롭지 못했다.

이딸리아에서 인기 절정인 요리전문 방송 '감베로 로쏘'가 쥬제뻬를 인터뷰하자고 한 건 놀라운 일이었다. 쥬제뻬는 중앙무대에 초청받은 것이었다! 요리사가 텔레비전에 약한 건 어디나 마찬가지다.

"로베르또! 전화가 왔어, 전화가!"

양파를 써느라 눈물을 찔끔거리고 있는 내게 쥬제뻬가 호들갑스럽게 달려오며 뱉은 말이었다. 그는 마치 부주방장 뻬뻬와 싸울 때처럼 얼굴이 벌겋게 달아올랐다. 그가 싸울 때 말고 이렇게 흥분한 모습은 처음이었다.

쥬제뻬는 새벽부터 부인 마리아와 로마행 비행기를 탔다. 고향마을 씨칠리아에서 기차를 타면 열 시간이 넘게 걸리는 여정이 부담스러운 까닭이었다. 부산에서 신의주만큼 먼 거리여서 기차는 역시 무리였다.

쥬제뻬가 이 요리 프로그램에 불려나온 것은 초콜릿을 입힌 토끼고기와 라비올리가 주목을 받았기 때문이었다. 어떤 미식 잡지에 실린 이 요리를 보고 로마의 방송국에서 관심을 가졌고,

그는 냉큼 비행기에 올라 로마의 스튜디오까지 내달리게 되었다.

씨칠리아는 오래전 스페인의 지배를 받았다. 그 때문에 지금도 이 지역은 스페인풍의 문화를 간직하고 있는데, 초콜릿도 아주 독특하게 잘 다뤘다. 초콜릿은 알다시피 애초에 유까딴 반도에서 토속 식재료로 쓰이던 것이 스페인을 통해 유럽으로 전파되면서 오늘에 이르렀기 때문에, 스페인은 초콜릿의 종주국 행세를 하고도 남았다. 스페인을 여행하다보면 까페에서 맛있는 초콜릿 음료와 초콜릿 과자를 먹는 즐거움이 있다. 씨칠리아 역시 스페인과 얽힌 인연이 깊어서 초콜릿으로 만드는 과자에는 일가견이 있는 동네다. 매년 봄 이 마을에서 '유로 초콜릿'이라는 행사를 대대적으로 벌여 세계에서 관광객들을 끌어모을 수 있는 것도 이런 역사적 배경이 있기 때문에 가능한 일이다.

쥬제뻬의 초콜릿 입힌 토끼요리와 라비올리는 정말 쇼킹하고 특별했다. 초콜릿이 과자가 아닌 요리에 쓰인다는 건 보기 흔한 일이 아니었다. 이딸리아 사람들은 토끼고기를 즐긴다. 특히 산토끼는 꽤 비싼값으로 팔린다. 간혹 '사냥한 산토끼 요리'가 메뉴판에 오를 때가 있는데, 역시 예약을 해야 가능한 요리였고, 그나마 겨울에나 볼 수 있는 명물이었다.

그럭저럭 '감베' 여인과의 인터뷰가 끝나고 요리시연을 하는 순서가 됐다. 쥬제뻬는 초콜릿가루를 밀가루에 섞어 반죽을 했다. 보통 노랗거나 하얀 라비올리 피가 초콜릿색으로 물들었다. 정말 독특한 요리였다. 그 허연 감베의 여인이 초콜릿으로 반죽한 라비올리 피를 들어올리며 과장된 목소리로 소리쳤다.

"벨리씨마!(멋져요, 멋져!)"

쥬제뻬가 이마의 땀을 훔쳤다. 자, 이 만두만 마치면 씨칠리아 시골식당의 주방장이 멋들어지게 로마의 방송국에 데뷔하게 되는 것이다! 흥, 보라지. 밀라노와 로마의 그 잘난 별 셋짜리 식당의 요리사들도 할 수 없는 기발한 요리라구.

피를 길게 늘어놓고 소를 채우려 짜주머니를 높이 치켜든 쥬제뻬가 한껏 멋을 부리며 짜주머니를 꾸욱 눌렀다. 뿌지직, 하며 짜주머니가 터지고 소가 테이블 위의 만두피에 쏟아졌다.

"맘마 미아!(맙소사!)"

지켜보던 씨뇨라 마리아가 남편의 실수에 고함을 질렀다. 씽씽 돌아가던 카메라가 다시 스톱.

"씨뇨라 마리아, 논 꼬지!(마리아 부인, 그러지 마세요!)"

알겠다구요, 호호. 하여간 늘씬한 감베 때문에 쥬제뻬의 만두소 반죽이 너무 되직했던 것이다. 그는 늘 한 숟갈의 따뜻한 물을 소에 섞었는데 아마도 그걸 깜빡했던 게 틀림없다. 그가 어찌어찌 물을 넣어 만두소를 다시 만들고, 카카오 색깔의 예쁘고도 깜찍한 씨칠리아 라비올리가 완성됐다. 고작 10분 방송될 프로그램 촬영을 마친 건 두 시간이 지나서였다. 씨칠리아의 촌뜨기 주방장이 수도 로마의 방송국에 데뷔한 역사적 사건이었다. 정작 마을 사람들은 이 프로그램이 위성으로만 송출되는 바람에 아무도 보지 못했지만 말이다.

쥬제뻬의 초콜릿 입힌 토끼요리와 라비올리는 정말 쇼킹하고 특별했다.
초콜릿이 과자가 아닌 요리에 쓰인다는 건 보기 흔한 일이 아니었다.
이딸리아 사람들은 토끼고기를 즐긴다. 특히 산토끼는
꽤 비싼값으로 팔린다. 간혹 '사냥한 산토끼 요리'가 메뉴판에
오를 때가 있는데, 역시 예약을 해야 가능한 요리였고,
그나마 겨울에나 볼 수 있는 명물이었다.

8
이딸리아에
마늘 자학극은
없다네

8
이딸리아에 마늘 자학극은 없다네

한국에서 이딸리아 요리에 대한 오해는 가지각색이다. 서양이니 당연히 요리가 줄줄이 나오는 '코스 메뉴'를 일상처럼 먹을 것이라는 오해가 첫번째다. 씨칠리아 식당에서 일을 시작하면서 먹게 된 첫 식사를 잊지 못한다. 나는 이 사람들이 간식을 먹는 줄 알았다. 레몬즙과 소금을 친 상추 반 그릇과 귀 모양으로 생긴 작은 빠스따 오레끼에떼―이 말 자체가 귀라는 뜻이다―한 그릇이 전부였다. 늘 이런 식이었다. 간혹 생선이라도 한 토막 나오는 날은 특별했다. 난 이들이 남몰래 집에서 배불리 먹고 다녀서 그렇겠지, 하고 생각했다. 그러나 집에 가 봐도 마찬가지였다. 주방장 쥬제뻬네 집에서 묵던 날 아침밥으로 우유 한 잔과 비스킷 두 쪽이 나왔을 정도니까. 확언컨대, 한국 사람들은 정말 세계에서 가장 거하게 잘 먹는 민족이다. 한국의 월가라는 여의도의 정신없이 바쁜 펀드매니저들도 점심시간이면 큰 잔치처럼 휴대용 가스레인지에 부글부글 찌개를 끓이고 대여섯 가지 반찬을 놓고 먹지 않는가.

다음으로는 고기다. 서양 사람들의 식생활에 대한 오해 중 가장 큰 건 서양이니까 스테이크를 맘껏 먹겠지, 하는 상상이다. 적어도 씨칠리아를 포함한 남부 이딸리아와 한국을 비교하면 오히려 한국이 고기를 더 먹는 것 같다. 닭과 돼지고기를 즐기는 것은 한국과 비슷하지만, 양이 매우 적었다. 특히나 피가 뚝뚝 흐르는 거대한 크기의 스테이크는 언감생심이었다. 이네들에게 스테이크는 영국이나 미국식 음식이었다. 우리처럼 작정하고 외식할 때나 즐기는 게 스테이크였다.

마지막으로는 이딸리아 요리에 마늘을 많이 쓴다는 오해다. '저동 골뱅이'식으로 마늘 자학극에 가깝게 생마늘을 마구 다져넣어 요리를 만들지는 않겠지만, 어지간히 사용할 것이라고 믿었다. 한국에서 그런 글을 자주 보았고(그런 글 쓴 사람 이딸리아에 가보기는 한 거야?), 마늘과 고추를 주렁주렁 늘어뜨리는 게 한국의 이딸리아 식당의 상징이 아니던가.

"로베르또! 너 혹시 마늘 가져갔니?"

부주방장 뻬뻬가 나를 부르더니 묘한 눈으로 추궁했다. 어린 녀석에게 망신당할 일이 생긴 거다. 안 그래도 어제 저녁에 마늘 한 통을 슬쩍, 집으로 가져갔더랬다. 당연히 이딸리아 요리는 마늘을 많이 쓰니까 한 통 정도 없어져봐야 표도 안 나겠지 생각했다. 이게 오산이었다. '어떻게 알았어?' 하는 내 표정을 보고 뻬뻬가 웃으며 말했다.

"일주일에 한 통 쓸까말까 한 마늘이 없어지면 대번에 안다구. 너 마늘 좋아하는 거 뻔히 아는데 너밖에 더 있어? 쿡쿡."

이딸리아 사람들이 마늘을 쓰는 법이 있다. 첫째, 마늘을 쓰는 요리만큼 그렇지 않은 요리도 많다. 둘째, 향을 우려내는 식으로 쓰고 향이 다 빠지면 꺼내 버린다. 셋째, 다져넣는 경우 아주 적은 양을 쓴다.

그러니 우리처럼 마늘을 우적우적 씹거나, 다진 마늘을 왕창 넣는 요리법은 없다. 마늘을 썼는지 안 썼는지 희미하게 느껴질 만큼만 쓴다. 빠스따를 만들 때도 마찬가지다. 한국에서야 마늘 서너 쪽이 기본이고, 볶은 마늘을 함께 접시에 올리지만 이딸리아에서는 '말도 안되는' 요리법이 되어버린다. 프라이팬에 올리브유를 달구고 슬쩍 칼집을 내거나 으깬 마늘 '딱 한 쪽'을 넣는다. 마늘 향이 기름에 배어나오면 타기 전에 얼른 꺼내 '버린다'.

그렇다, 버린다. 마늘 그 자체를 먹는 게 아니라 향을 즐기는 향신료이기 때문이다. 이게 한국과 이딸리아 사이에 마늘을 쓰는 결정적 차이다.

그렇다면, 고추는 많이 쓰지 않을까. 결론부터 얘기하면 이건 마늘보다 더 적게 쓴다. 마늘은 어쨌든 상당수 요리에 적게나마 쓰지만, 고추는 평생 한번도 먹어보지 않는 이딸리아 사람도 있을 정도다. 그러니까, 이딸리아 사람들은 고추를 즐겨 먹는다는 말은 '새빨간' 거짓말이다. 내 현지 경험으로도 매운 고추가 들어가는 요리는 단 한번도 식당에서 만들어보지 못했다. 깔라브리아 같은 특정 지방에서 즐긴다고들 하는데, 이딸리아가 얼마나 넓은 땅인가를 알면 그것이 전국적 현상이라고 절대 말할 수 없을 것이다. 일전에 말하지 않았던가. 이딸리아 북부에서 씨칠리아 최남단까지는 2,000킬로미터가 넘는다고.

말이 나온 김에 덧붙이면 이딸리아 식당에는 '피클'이 없다. 로마의 한국인 관광 가이드는 내게 이런 일화를 전했다. 로마 역전의 한 허름한 빠스따 식당에 영어로 '노 피클'이라고 적혀 있었다는 것이다. 일본과 한국 관광객(미국인도 그랬을지도 모른다. 그들도 피클 마니아다)이 너도나도 피클을 달라고 하니, 일일이 대답하기에도 지쳐서 써붙였다는 식의 얘기였다.

이딸리아에 피클 같은 게 없는 것은 아니다. '자르디니에라'라고 부르는 비슷한 음식이 있기는 하다. 간혹 전채요리나 고기 요리에 곁들임 재료로 쓰기는 한다. 그러나 우리처럼 반찬 개념으로 빠스따에 곁들여 먹지는 않는다. 한국식 식문화는 반드시 김치나 짠지조각이라도 있어야 국수를 먹는다. 그러니 미국과 일본을 통해 한국에 전래된 이딸리아 빠스따도 피클을 함께 주기 시작했을 거다.

이딸리아에 있는 대다수 고급 식당은 빠스따를 직접 만들어 쓰는 메뉴가 많다. 마치 우리네 옛날 국수집처럼 면을 뽑아서 파는 생면집이 따로 있지만, 식당은 자존심을 걸고 생면을 만든다. 생면을 직접 만든다고 요란하게 선전하는 한국의 이딸리아 식당들이 여럿 있는데, 사실 이게 뭐 대단한 솜씨가 필요한 일은 아니다. 게다가 손반죽도 아니고 기계로 반죽하고 뽑아내는 경우라면 특별할 게 없는 빠스따가 되곤 한다.

어쨌든 부주방장 뻬뻬가 혀를 길게 뽑아 '빠스따 프레~스까(생면 빠스따)'를 만들자고 알리면 식당은 분주해진다. 설거지를 도와주는 루치아 아줌마까지 달려들어 밀가루를 붓네, 달걀노른자를 분리하네, 바쁘게 돌아간다.

이딸리아에서 돌아다니는 빠스따 교과서에는 생 빠스따를 만드는 천편일률적인 계량법이 나온다. 밀가루 강력분 1킬로그램에 달걀 10개, 소금과 올리브유 약간이다. 문제는 달걀이다. 크기가 제각각인 달걀 10개라는 게 참 계량하기 힘들거니와, 그저 달걀 10개를 넣어서는 맛이 별로 없다는 게 문제다. 그래서 이딸리아 요리사라면 비장의 '빠스따 프레~스까' 배합법을 가지고 있게 마련이다. 부주방장 뻬뻬의 배합법은 달걀노른자를 집중적으로 쓰는 것이다. 그렇다고 이게 쉬운 일은 아니다. 노른자만 잔뜩 넣으면 반죽의 찰기가 떨어져 삶으면 면이 부서져 버린다. 그래서 흰자와 노른자를 적절히 섞어야 하는데, 이게 뻬뻬의 비밀이다. 그는 주방 한구석에서 달걀을 배합해서 가져오곤 했는데, 깨진 달걀껍데기 숫자로는 도저히 배합 비율을 알 수 없었다. 그에게 물어보면 대답은 한결같았다.

"할머니가 만드는 마음으로, 밀가루가 원하는 농도로!"

나는 하얀 밀가루를 대리석 테이블에 붓고 가운데 화산처럼 구멍을 판 후 달걀을 깨넣어 손으로 천천히 저으면서 반죽을 시작했다. 손에 노란 달걀물과 밀가루가 엉겨 진득한 반죽이 시작된다. 그 감촉을 손으로 느끼면서 농도를 조절한다. 그러면서 나는 나만의 배합법을 찾아낸다. 밀대로 힘주어 밀었을 때 선명한 노란색 반죽이 융단처럼 윤이 나며 반질반질해지고, 고소한 달걀 냄새가 나야 좋은 반죽이다. 굳이 뻬뻬가 가르쳐주지 않아도 나는 그 비법을 터득할 수 있었다. 이래봬도 국수 하면 한가락하는 민족의 자손이 아니냔 말이다. 칼국수 비빔국수 물국수 호박국수 멸치다시국수 수제비… 빠스따와 국수는 사촌인 게 분명하다.

9
참치를 잡아라

9
참치를
잡아라

이른 아침, 일찍 출근해서 빠스따 삶을 물에 소금을 치고 있는데 밖에서 날 부르는 소리가 들렸다. 주방장 쥬제뻬였다.

"로베르또오~!"

그는 어깨에 정체 모를 '시체'를 메고 있었다. 시커멓고 커다란 덩치의 어떤 '시체'라고밖에 설명할 수 없는 물체였다.

"께 꼬제?(그게 뭐죠?)"

"논 꼬노쉬 똔노?(참치도 몰라?)"

거대한 황새치, 그래, 참치였다. 지중해의 황태자. 회를 먹지 않는 지중해 사람들이 거의 유일하게 먹는 횟감. 물론 구이로 더 즐기는 생선이기는 하다.

참치라면 그저 깡통에 든 기름에 절인 살코기나 횟집에서 주는 붉은 살만 봤던 내게 길이가 2미터는 될 법한 참치 한 마리는 꽤 신기한 볼거리였다.

참치 가격은 꽤 비싼 편이지만, 그렇다고 터무니없는 가격은 아니다. 1킬로그램에 만원 안팎이면 살 수 있다. 그것도 싱싱한 생물이다. 이딸리아 사람들은 냉동참치를 먹지 않는다. 오직 지중해에서 잡은 짙푸른 색깔의 황새치가 그들이 사랑하는 참치다. 이걸 배를 갈라 알을 꺼내 소금에 절이면 최고급 식재료인 '보따르가'가 된다. 씨칠리아 사람들이 너무도 사랑하는 식재료다.

씨칠리아 사람들은 생참치를 부위별로 해체해서 먹지는 않는다. 그저 수직으로 잘라 둥그런 스테이크를 만들어 먹는다. 그러나 간혹 뱃살만 잘라 소금에 절여 회로 먹기도 한다. 이게 이들이 회를 즐기는 방식이다. 올리브유를 뿌려 짭짤한 맛으로 먹는 황새치 뱃살은 꽤 먹을 만한 요리다.

씨칠리아 식당 '파또리아 델레 또리'의 주방장 쥬제뻬는 참치야말로 씨칠리아 사람들의 영혼이 담긴 먹을거리라고 강조했다. 그는 눈을 치켜뜨고 제법 잘생긴 이마를 내게 들이밀며 얘기하는 버릇이 있다. 그러고는 이딸리아 사람 특유의 제스처로 손을 연방 아래위로 흔들며 내게 대들듯 말하곤 했다.

"씨칠리아 사람들이 고기를 양껏 먹기 시작한 건 얼마 되지 않아. 내가 어렸을 때는 기껏해야 사냥한 토끼나 드물게 양고기가 고작이었지. 거의 매일 생선으로 단백질을 보충해야 했어."

우리네와 너무도 닮은 삶을 살았던 씨칠리아 사람들. 그런 쥬제뻬가 먹을 수 있었던 '붉은 살코기'는 참치였다. 참치의 붉은 살이 그나마 육고기 같은 고기였던 것이다.

황새치는 지중해에서 아주 귀한 생선이었다. 양이 적지는 않았지만 잡는 데 숙련된 기술이 필요했기 때문이다. 그 때문에 참치잡이 배는 각별한 대우를 받았다. 마치 모비딕의 숙련된 작살 기술자처럼, 참치잡이 배도 기술자가 필요했다. 요즘은 주로 주낙을 달아 잡아채지만, 과거에는 그물을 쳐서 참치를 유인한 다음 재빨리 작살로 꽂아 건져올려야 했다고 한다. 구릿빛으로 그을린 사내들이 건강한 팔뚝을 휘두르며 참치를 찍어올리는 광경을 상상해보라. 나는 지중해, 즉 대륙 사이의 바다라는 뜻의 '메디떼란'(mediterran)이란 낱말을 생각하면 늘 지중해의 참치잡이가 생각난다. 억센 씨칠리아 남자들의 기상이 고스란히 드러나는 광경이 아니겠는가.

사들인 참치는 따로따로 해체해서 요리를 만들어 판다. 그중 수직으로 자른 스테이크가 가장 많이 팔리는 요리다. 성황을 이룰 때는 하루 저녁에 그 거대한 녀석을 한 마리 다 파는 식당도 있다. 물론 아무때나 있는 메뉴가 아니다. 특별히 좋은 가격에, 싱싱한 놈을 건지면 특별 메뉴로나 팔 수 있는 거다. 300그램 정도를 달아 날카로운 칼로 자르면 칼 표면에 기름기가 사악 밴다. 그만큼 싱싱하고 좋은 물건이다. 이걸 그릴에 올려 재빨리 앞뒤로 굽는다. 너무 익히면 퍽퍽해서 먹을 수 없다. 스테이크로 치면 미디엄 레어나 레어 정도로 굽는다. 속이 차가운 기운을 버릴 정도만 되면 맛있는 참치 스테이크가 된 거다. 소금을 넉넉히 치고 최상급의 올리브유를 뿌려 내면 된다. 어떤 장식도, 곁들임도 없다. 수직으로 잘랐기 때문에 부위별로 각각 다른 맛과 영양을 즐길 수 있다. 맛을 더하려면 씨칠리아 원산의 어른 주먹만한 레몬을 잘라 즙을 뿌려 먹는다.

참치구이에는 와인이 잘 어울린다. 씨칠리아의 싸구려 레드와인인 네로 다볼라 품종의 와인을 곁들여도 좋고, 화이트와인도 좋다. 참치는 생선인데 왜 레드와인을 곁들일까. 그건 참치 살이 붉어서 제법 고기 같은 맛을 내는 까닭이다. 그래서 무겁지 않은 레드와인이 잘 맞는다. 물론 생선이니 화이트와인도 잘 어울린다.

씨칠리아 지역의 참치도 요즘은 씨가 마르고 있다. 지중해를 둘러싼 나라가 어디 이딸리아뿐이냔 말이다. 가까이 프랑스와 스페인, 뽀르뚜갈과 동유럽의 여러 나라들, 여기에 북아프리카의 수많은 나라들이 서로 고급기술로 무장하고 참치잡이에 나서면서 개체수가 크게 줄었다. 수요가 많기도 하지만 엎친 데 덮친 격으로 일본사람들이 워낙 참치를 좋아해서 수출용으로도 많이 잡는다고 한다.

참치 말고도 씨칠리아의 멋진 재료로 오징어가 있다. 오징어 뿐이랴. 낙지 주꾸미 문어 꼴뚜기 갑오징어 한치…… 두족류와 연체류가 모두 있다. 이딸리아와 한국 요리의 공통점은 이런 식재료에서 더 빨리 찾을 수 있다. 요리법은 사뭇 다르지만 재료의 유사성은 두 나라의 친근함을 발견하게 되는 계기가 되곤 한다.

오징어가 들어오면 쥬제뻬는 오징어순대를 만든다. 함경도식은 아니지만, 빵가루와 채소를 채워넣고 오븐에 구워 순대를 만든다. 작은 오징어 한 마리에 15유로를 받는다. 한국의 오징어순대가 얼마나 맛있고 값싼 요리인지, 감사히 먹어야 할 게다. 씨칠리아에 오징어는 흔하지만 결코 값싼 재료는 아니다. 1킬로그램에 만오천원은 줘야 싱싱하고 질 좋은 놈을 살 수 있다. 한국은 고작 몇천원이면 살 수 있으니 얼마나 복받은 나라인가 말이다.

주꾸미는 흔한 재료가 아니다. 한 마리를 요리해서 10유로 정도를 받는다. 만만치 않은 값이다. 그래도 귀한 재료이니 맛있게들 먹는데, 사실 한국 주꾸미의 야들야들한 맛은 없다. 좀 질기고 연한 맛이 적다. 한국에서 누군가 오징어나 주꾸미를 수출하면 아마도 큰돈을 벌지 않을까 하는 생각도 든다.

씨칠리아를 여행하다가 참치나 오징어 요리를 발견한다면 그 진한 바다의 맛을 즐겨보시라. 여기에는 씨칠리아산 화이트

와인 한잔을 곁들이면 금상첨화다. 자글자글한 태양빛을 듬뿍 받아 황금색으로 빛나는 씨칠리아 화이트와인은 세계적인 명품이다.

10
손님과의 투쟁, 식 당 은 전장이다

10
손님과의 투쟁,
식당은
전장이다

주방은 주방장이라는 작은 황제가 군림하는 제국이다. 만약 유럽사회에서 누군가를 때렸다가는 당장 쇠고랑을 찰 각오를 해야 한다. 그러나 부글부글 끓는 기름처럼 욕구불만에 가득 찬 요리사들이 설치는 주방은 예외다. 성기를 들먹거리는 욕설과 무자비한 폭력이 용인되곤 한다. 폭력은 고참요리사의 특권이며, 주방은 그래서 치외법권지대가 되곤 한다. 적어도 내 견문에는 유럽에서 두들겨맞았다고 경찰을 부르는 요리사를 본 적이 없다.

그런데 종종 손님들이 화풀이를 당하는 경우도 있다. 나는 한국에서 어떤 이딸리아인 주방장이 요리 접시를 집어던지는 광경을 본 적이 있다. 요리가 짜다고, 스빠게띠가 덜 익었다고 접시가 돌아오자 분노가 치밀었던 것이다. 다른 한국인 요리사들은 무슨 큰 난리가 난 것처럼 소동을 벌였지만, 나는 태평했다. 씨칠리아에서 늘 보던 재방송 스펙터클이었기 때문이다. 이 경우, 찰떡궁합으로 뒤따라나오는 경구가 있다.

"내 요리가 맘에 안 들면 오지 말란 말이야. 집에 가서 네 마누라가 만들어주는 미트볼 스빠게띠나 먹으라고!"

주석을 달자면, 미트볼 스빠게띠는 본토(?) 이딸리아 요리사들이 미국식 이딸리아 요리(사)를 경멸할 때 쓰는 은어다. 재미있는 것은 이런 이딸리아인 요리사들도 자기 할머니나 엄마가 만들어주는 미트볼 스빠게띠는 최고라고 생각한다. 이딸리아에도 일찌감치 미트볼이 있었다. 이름이 '뽈빠 디 까르네'일 뿐 만드는 법은 비슷하다. 그런데도 이걸 미국 사람이 만들어 먹으면 쓰레기 비슷한 정크푸드 취급을 한다. 어쨌든 미트볼은 이딸리아인에게 저급한 미국 음식의 상징처럼 되어버렸다.

영화 「사랑의 레씨피」를 기억하시는지. 주인공인 주방장 캐서린 제타 존스가 자꾸 스테이크가 너무 익었다고 불평하는 고객의 테이블에 생고기를 냅다 찍어 얹는 장면이 있다. 나는 '야, 저 씨나리오 작가 취재력 대단한 걸' 하고 웃었다. 실제 외국의 식당에서 종종 벌어지는 일이기 때문이다.

우리의 용감한 씨칠리아 주방장 쥬제뻬는 꽤나 피가 뜨거워서 손님들과 투쟁도 불사했다. 그가 단호한 목소리로 '디저트를 준비해!'라고 말할 때는 홀에서 무슨 일이 일어난 거다. 내가 일하는 식당 '파또리아 델레 또리'에서 파는 코스 메뉴는 전채 두 가지, 빠스따 두 가지, 고기나 생선 한 가지, 디저트로 구성된다. 그런데 아직 전채를 먹고 있는 손님 테이블에 디저트를 내라는 것은 다시 말해서 식사를 중단하시오,라는 협박이다. 당신에게 음식을 팔 수 없으니 그만 나가서 작열하는 씨칠리아의 태양이나 즐겨주십사 하는 간절한 호소에 다름아닌 것이다.

스빠게띠 요리도 늘 말썽을 일으킨다. 도대체 '알 덴떼'(al dente, 씹히는 질감을 살려서 삶기)는 어느 정도를 일컫는지 기준이 없기 때문이다. 난 지금도 이게 헷갈린다. 누가 물어보면 그저 '봉지에 써 있는 대로 삶으세요'라고밖에 대답할 수 없다. 그만큼 어렵다. 각자 기준이 다르다. 게다가 이딸리아 북부와 남부가 다르고, 스빠게띠를 먹는 유럽 사람들마다 또 다르다. 그래서 폼나는 이딸리아 식당에 가면 알 덴떼를 거론하며 경고(?)부터 하는 경우가 있다.

"우리는 모든 스빠게띠를 알 덴떼로 제공합니다. 푹 익히시길 원하면 미리 말씀해주십시오."

웨이터가 이런 경고 멘트를 날리거나, 메뉴판에 이런 글귀를 써놓곤 한다. 말은 점잖아 보이지만, 알 덴떼로 덜 익힌 스빠게띠를 먹지 못하는 소화불량 환자거나 이딸리아 식당이라고는 생전 처음 와보는 촌놈이라고 고백하라는 협박인 셈이다.

이렇게 경고와 협박을 날려도 꼭 '덜 익었으니 더 삶아달라'는 손님이 있게 마련이다. 이런 손님을 다루는 쥬제뻬의 수법은 변화무쌍하다. 벌컥 화를 내면서 접시를 벽에 집어던져 박살을 내거나, 홀에 들리라고 소리를 지르거나('다른 식당을 안내해드려!') 하는 경우는 흔하지 않다. 그저 조용히 그 접시를 작업대 위에 올려놓는다. 그리고 십분이고, 이십분이고 처박아둔다. 웨이터가 달려와 난처한 표정으로 재촉하면, 웨이터 귀를 붙잡고 소곤거린다. 이때 쥬제뻬의 표정은 마치 비밀 마피아단원처럼 진지해진다.

"께 까초!(F로 시작하는 영어 욕과 같은 말) 그 빌어먹을 스빠게띠를 더 익히려면 새로 불을 붙이고 물을 끓여야 한다고 일러줘. 또 우리 주방장님은 워낙 바쁘셔서 스빠게띠를 새로 삶을 시간을 내시기란 아주 어렵다고도 얘기해주고."

웨이터가 하얗게 질려서 쭈뼛거리면 그제서 그는 푸하하, 웃음을 터뜨린다. 농담이라구, 농담. 확실히 웨이터의 평균수명은 주방장의 품성과 깊은 관련이 있다.

이윽고 스윽, 접시 위의 스빠게띠를 팬에 부어서 슬쩍 볶는다. 십분 이상 방치해둔 스빠게띠는 이미 팅팅 불어 있다. 이걸 다시 볶으니 그야말로 '개밥'이 된다. 포크로 뜨면 스빠게띠 전체가 쏘스랑 엉켜서 집단으로 공중부양을 한다. 그걸 손님에게 가져다주라는 거다. 웨이터가 당신 미쳤냐는 투로 눈을 동그랗게 뜨면 그는 다시 진지 모드로 속삭인다.

"이 식당은 내 거라구. 내가 주인이야. 손님이 주인이 아니야. 알아먹었어? 가격도 내가 정하고, 내가 맞다고 하면 그게 진짜 알 덴떼야!"

그러면서 벌벌 떠는 웨이터의 등을 손바닥으로 후려친다. 얼른 가져다줘. 씨칠리아 알 덴떼의 쓴맛을 보여주자구!

2009년에 나는 파또리아 델레 또리, 우리 쥬제뻬 바로네가 주방장으로 일하는 씨칠리아의 깡촌 식당을 9년 만에 다시 방문했다. 세월의 흐름만큼 많은 것이 변했다. 아시아 사람은 구경도 할 수 없었던 이 동네에 중국식당도 생기고, 별 네 개짜리 최고급 호텔도 문을 열었다. 코나 흘리고 다니던 녀석들이 멋진 선남선녀로 몰라보게 변신했다.

쥬제뻬는 많이 늙었다. 얼굴에 흰 수염이 가득했고, 걸음걸이도 중늙은이처럼 기운이 없었다. 식당 마당의 레몬나무도 여전하고, 수수하지만 매력적인 그의 메뉴도 그대로였지만······

세월은 역시 많은 것을 바꾸어놓았다. 부주방장 뻬뻬는 독립해서 인근 도시에 식당을 차렸고(망해가고 있다고 한다), 신자유주의 물결은 공산당의 텃밭이던 씨칠리아에도 지진해일을 몰고 왔다. 대로변 좋은 자리를 차지하고 있던 공산당 사무실은 관광안내소에 자리를 내주고 옹색한 사회당에 통폐합되었다.

"으흠, 공산당은 이번 동네 선거에 아예 후보도 내지 못했다네. '까삐딸리스모(자본주의)'가 대세지. 프랑스도 그렇지 않은가? 한국은?"

쥬제뻬는 해소 들린 노인네처럼 기침을 해댔다. 그가 늙었다는 생각에 기분이 처연해졌다. 그와 밤새 와인을 마시며 세상얘기를 나눴다. 호텔로 나를 바래다줄 때 그가 희미하게 웃으며 말했다.

"이 시골동네에까지 아메리칸 바가 두 개나 생겼네. 요즘은 세상이 너무 빨리 바뀌는 것 같아. 아침은 어쨌든 씨칠리아식 쓴 커피와 비스킷으로 하자구. 다 바뀌어도 입맛은 변하지 않는 법이야."

11
씨칠리아의
기 사 식 당

11
씨칠리아의
기사식당

알다시피 한국에서 기사식당은 '맛있고 싼 식당'을 의미한다. 물론 여전히 택시나 화물차 기사들이 자주 이용하는 식당이기도 하다.

그런데 이딸리아에도 기사식당이 있다. 씨칠리아의 괴짜 주방장 쥬제뻬와 함께 장을 보고 오는 길에 종종 들르던 곳이다. 버섯을 사러 활화산 에뜨나에 오르거나, 양 한 마리를 통째로 사러 대형 재래시장에 갈 때도 이집에서 꼭 밥을 먹었다. 별다른 메뉴도 없었다. 장작에 구운 닭, 몇가지 빠스따와 전채요리가 전부였다. 그런데도 쥬제뻬가 이집을 단골삼아 들르는 이유는 그저 국도변에 있어 요기하기에 만만해서인 줄 알았다. 그런데 알고 보니 자그마치 40년 단골이다. 쥬제뻬의 선친 때부터 계산하면 그 세월을 훌쩍 넘어선다. 쥬제뻬의 아버지는 공산주의자였고, 지금 쥬제뻬가 사는 씨칠리아의 당 책임자였다고 한다. 당연히 각종 회합 때문에 다른 도시를 들를 일이 많았고, 그때마다 이 식당에서 한끼를 해결하곤 했단다. 은퇴하고도 한참은 지났을 늙은 웨이터가 쥬제뻬를 보고 반겼다. 아버지의 친구란다. 그 웨이터는 50년을 한결같이 일하고 있었다.

그가 쥬제뻬를 발견했을 때 마침 다른 테이블에서 써빙을 하고 있었는데, 너무도 반가운 나머지 스빠게띠를 가득 담은 큰 쟁반을 대충 손님상에 내려놓고는 쥬제뻬에게 달려왔다. '달려'왔다는 것은, 그의 태도였지 실체적 속도는 아니었다. 그가 쥬제뻬와 포옹을 할 때까지는 수분의 시간이 흐른 것 같았다. 반가운 마음에 상체는 이미 문 쪽에 있는 쥬제뻬에게 기울어져 있었지만, 다리가 따라주지 않았다. 쥬제뻬는 참을성 있게 문앞에서 기다렸다. 아버지 친구에 대한 예의 같았다. 그러고는 긴 포옹을 나눴다. 이어서 각자의 아내, 아들과 딸, 숙부와 숙모, 당숙, 육촌, 팔촌, 옆집 친구, 옆집 친구의 아들, 그 아들의 친구들의 안부를 물었다. 마지막으로 찌는 듯한 날씨에 대해 각자 엿을 먹이고서야 안부인사가 끝났다. 하릴없이 그 안부 쎄레머니를 지켜보며 물만 홀짝이던 내가 물었다.

"오랜만에 만났나봐요?"

"아니…… 지난주에 양고기 사러 왔을 때 봤지."

역시 참을성 있는 기사식당의 다른 손님들은 그제야 스빠게 띠 시중을 받을 수 있었지만, 별 불평은 하지 않았다. 노인을 공경하는 것은 씨칠리아의 자랑스러운 전통이었다. 그렇다고 이 식당주인이 50년 일한 웨이터에게 해고 통지를 날리지 않은 것이 노인공경 사상이 투철한 때문만은 아니었다. 이 노인네가 없으면 식당이 굴러가지 않는다는 게 문제였다.

그는 무시로 드나드는 수많은 트럭 운전사들의 식성까지도 줄줄이 꿰고 있는 진짜배기 웨이터였다(오호! 마리오. 이번에는 우리 주방장의 버섯쏘스 스빠게띠를 먹어보려나. 자네가 아주 좋아할 걸세). 팔뚝에 촌스럽게 오렌지와 일장기, 한자로 사랑 애(愛)자까지 문신한 무시무시한 인상의 트럭기사도 그에게는 고분고분하게 눈웃음을 쳤다. 웨이터는 닭다리를 맛있게 뜯고 있는 그 기사에게 한참이나 잔소리를 했다.

"술 좀 그만 마셔."
"아이고, 무슨 말씀. 와인 없이 어떻게 밥을 먹느냐 말이오?"
"그게 아니라, 자네는 와인을 마시려고 닭을 먹고 있잖아."

종종 씨칠리아 국도변의 트럭들이 갈지자 운행을 하는 건 이처럼 와인과 음식이 맛있는 기사식당이 도처에 깔렸기 때문일 게다.

나는 이 식당에서 스빠게띠의 원형을 보았다. 말하자면 '알 덴떼'의 참맛을 발견한 것이다. 고작 삼천원을 받는 스빠게띠에 들어간 것이라곤 올리브유와 마늘이 전부였다. 얼마나 오래 썼는지 이가 빠지고 누렇게 변색된 접시에 흥건할 정도로 담긴 뜨거운 올리브유가 인상적이었다. 국수를 먹는 건지, 올리브유를 먹는 건지 헷갈릴 지경이었다. 그 기름에 손으로 눌러 으깬 서너 쪽의 마늘이 까맣게 구워져 그대로 써비스된다. 웬만한 이딸리아 식당에서는 마늘을 접시에 담지 않는다. 향만 우려내고 버리는 경우가 대부분인데, 이 식당은 그것마저도 번거로운 일이라는 듯 그대로 접시에 담겨 있었다. 식당 안은 닭 굽는 냄새와 타는 마늘향으로 코가 매캐할 지경이었다.

바싹 마른, 지금 우리가 먹는 스빠게띠는 이제 이딸리아 전국에서 먹는 빠스따이지만, 원래 백년 전만 해도 몇몇 지방에서만 먹었다.

옛날 스빠게띠는 밀가루를 일일이 손으로 반죽하여 뽑아내는 생면 형태였다. 대량생산과 보관이 가능한 마른 빠스따는 나뽈리에서 탄생했다. 그리고 씨칠리아와 제노바에도 퍼졌다. 이딸리아 내에서도 습기가 적고 건조한 지방에서 시작되었던 것이다. 요즘 빠스따 공장에서는 반죽하여 뽑아낸 빠스따를 곧바로 기계로 말리지만, 과거에는 태양열에 자연건조해야 했다. 마치 우리 국수가게에서 발에 국수를 널어 말렸듯이 말이다. 이런 광경이 나뽈리, 씨칠리아에서 벌어졌다. 한겨울을 제외하고는 햇볕도 충분했고 노동력도 쌌다. 이곳에서도 아이들이 간식으로 국수 건조대에서 그 짭짤한 국수를 훔쳐먹었을까.

마른 빠스따는 기계로 생산하기 때문에 그만큼 값도 싸서 서민들에게 인기였다. 요즘도 마른 빠스따의 대표격인 스빠게띠와 뻰네는 가난한 남부지방에서 많이 먹는다. 먹고살 만해진 1960년대 이후로 요리법이 많이 발달했지만, 스빠게띠는 본디 요리하기가 몹시 단순하다. 게다가 들어가는 재료도 간단하니, 돈 없는 남부 사람들에게 더 인기가 좋을 수밖에 없을 것이다.

이딸리아 빠스따에서 빼놓을 수 없는 '알 덴떼'라는 말은 스빠게띠, 엄밀히 말해서 나뽈리에서 시작된 마까로니에서 처음으로 쓰였다. 이제 한국 사람들도 알 만큼 국제적인 용어가 됐다.

그런데 푹 삶는 국수에 익숙한 한국 사람들은 알 덴떼에 상당히 거부감을 가지게 마련이다. 나 역시 마찬가지였다. 그러나 어떤 사회적 방식, 요리법까지도 사람들에게 익숙한 형식이 될 때는 다 이유가 있는 법이다. 알 덴떼로 삶으면 우선 소화에 도움이 된다. 된밥과 진밥의 차이와 같다. 진밥을 좋아하는 사람은 소화기능이 떨어진다. 충분히 씹지 않아 침 분비가 적기 때문이다. 알 덴떼는 된밥처럼 꼭꼭 씹어 삼켜야 하기 때문에 소화를 돕는 침이 충분히 나온다. 밥을 쉰 번 씹으면 약이 필요없다는 말은 의학적인 근거가 있다.

알 덴떼의 부수적인 효과는 다이어트에 좋다는 점이다. 천천히 꼭꼭 씹어먹으니 포만감이 빨리 느껴지는 것이다. 씨칠리아 여자들이 날씬한 것도 다 이유가 있었다.

애기가 너무 '딱딱'해졌다. 다시 기사식당으로 돌아가보자. 누렇고 딱딱한 씨칠리아식 전통빵을 씹으며 스빠게띠를 기다렸다. 할아버지 웨이터가 음식을 날라왔다. 그런데 거의 철사줄을 방불케 하는 면이 나왔다. 너무 뻣뻣해서 포크에 돌돌 말리지 않을 지경이었다. 쥬제뻬가 웃었다. 그는 '이것이 진짜 스빠게띠'라고 말했다.

값을 치르고 나서는데 쥬제뻬가 낡은 앞치마를 두른 할머니와 반갑게 포옹을 한다. 놀랍게도 그 할머니는 우리가 먹은 스빠게띠를 삶은 주방의 일꾼이었다. 나이 스물 시절부터 50년가량을 똑같은 맛의 스빠게띠를 삶아 내오고 써비스하는 늙은 웨이터와 할머니 요리사는 부부였다. 내 마음이 훈훈해진 것은 식사에 곁들인 포도주 한잔 때문만은 아닌 듯했다.

12
'씨네마 천국'이 없었다면

12
'씨네마 천국'이
없었다면

고백건대, 내가 씨칠리아까지 흘러간 것은 「지중해」 「씨네마 천국」 「일 포스티노」 같은 영화들 때문이었다. 그야말로 '널널'하고 유쾌한 동네일 것이라는 기대가 충만했고, 게다가 그 사람들이 재미있기까지 할 거라고 제멋대로 상상한 까닭이었다. 물론 기대는 틀리지 않았다. 종종 재미를 넘어 지나치게 엉뚱해서 문제였지만 말이다.

지중해 지도를 들여다보면 재미있는 사실 하나를 발견하게 된다. 지중해라고 해서, 이딸리아나 스페인처럼 우리에게 잘 알려진 나라만 있는 것은 아니라는 것이다. 유고슬라비아 같은 동유럽 나라도 엄연히 지중해에 옆구리를 적시고 있다. 아시아 국가도 빠지지 않는다. 중동의 여러 나라들이 지중해 짠물에 혀를 담그고 있다. 아프리카도 뺄 수 없다. 모로꼬, 알제리, 수단, 리비아야말로 원조 지중해가 아니냔 말이다. 그렇다. 아프리카!

시골식당 '파또리아 델레 또리'는 이딸리아하고도 씨칠리아에 있다. 그런데 수도 로마보다 아프리카가 더 가깝다. 저 북부의 잘난 이딸리아 사람들이 '씨칠리아는 아프리카다' 하는 비아냥거림이 옳다는 얘기는 절대 아니다. 하지만 아프리카랑 가까운 것은 피할 수 없는 사실이다. 쾌속정을 띄운다면 두어 시간 안에 인접한 아프리카 어디든 도착한다. 그래서인지 어딘가 아프리카 무어인을 닮은 이들도 눈에 띈다. 음식도 닮았다. '파또리아 델레 또리'뿐만 아니라 씨칠리아의 식당은 대부분 아프리카식 요리 '꾸스꾸스'를 만든다. 빠스따 같기도 하고, 우리식으로 하면 무슨 '범벅'요리 같기도 하다. 좁쌀처럼 생긴 밀가루 가공품인데, 이게 여간 까다롭지 않다. 대충 익히면 까칠하고, 너무 익히면 푸석푸석해진다. 그래서 이 요리를 하자면 신경이 곤두서게 마련이다. 또한 꾸스꾸스 하면 씨칠리아를 떠올리는 마당에 대충 요리할 수는 없는 일이다. 우리 엄마들이 된장찌개 하나는 제대로 끓이려고 애쓰는 것과 비슷한 이치다.

꾸스꾸스는 먼저 좁쌀처럼 생긴 알갱이를 잘 삶아야 한다. 그러고는 팬에 올리브유를 두르고 여러가지 채소와 해물, 고기 따위를 익힌 후 미리 삶은 꾸스꾸스 알갱이와 한데 버무려내야 한다. 올리브유에 마늘 타는 냄새와 수컷들의 땀 냄새, 지중해 바다 냄새까지 뒤섞이는 바쁜 저녁시간에는 북새통이 벌어진다. 그럴 때면 꼭 까다로운 손님의 불평이 쏟아진다. 일종의 주방 징크스다. 주방에도 머피의 법칙이 있다. 꼭 재료가 떨어진 요리만 주문이 빗발치니 말이다.

"골파 대신 대파를 넣어달라, 양파는 빼고 셜롯으로 향을 내달라……"

아니, 다 같은 파잖아! 종의 다양성이고 뭐고, 웬 파가 그렇게 종류가 많으냐구. 맥도널드에서도 '케첩은 빼고 양파는 익힌 것으로 넣고 오이피클은 조금만 넣어달라'고 천연덕스럽게 요구하는 나라에서 이런 주문을 거부할 도리도 없다. 사고는 늘 예상치 못한 상황에서 생긴다. 꼭 무어인처럼 생긴 막내급 요리사 잔니가 '대파와 셜롯!'을 외치며 냉장고로 뛰어가다가 그만 내 발에 걸려 넘어진 것이다.

불판 옆 바닥에는 올리브유와 미끈거리는 스빠게띠 가락들, 그리고 장어껍질처럼 미끄럽지만 정체는 알 수 없는 '무엇'이 툭툭 떨어져 있게 마련이다. 미끄럼 방지 신발을 신었지만 이럴 때는 도리가 없다. 그가 넘어지면서 엉겁결에 내 팔을 붙들었다. 맙소사! 내 팔은 마침 빠스따 솥에서 꺼낸 뜨끈뜨끈한 꾸스꾸스 냄비를 붙들고 있었으니.

"께 깔도 까초!(앗 뜨거, 빌어먹을!)"(이럴 때 이딸리아어 욕설이

튀어나온다면 진짜 이딸리아 사람이 다 된 걸 테지?)

꾸스꾸스 한 냄비가 왈칵 하늘로 솟구쳤다가 내 가슴팍으로 쏟아져들어왔다. 하필 덥다고 단추를 풀어놓을 게 뭐람. 그러니까, 꾸스꾸스가 접시 대신 내 몸을 고른 것이다!

허리춤을 앞치마로 단단히 졸라매고 있으니 꾸스꾸스는 밑으로 빠져나가지 못하고 내 배와 등을 마음껏 유린하고 있었다. 넉넉히 흘린 땀이 윤활제 노릇을 하면서 꾸스꾸스는 키질하듯 돌아다녔다. 아아, 그만! 급기야 나는 스트립쇼를 해야 했다. 급하게 요리복 상의를 벗다가 단추가 투둑, 떨어져나갔던 것이다. 주방에서 여자요리사를 별로 반기지 않는 이유를 알겠군.

그 소동 중에도 주방장 쥬제뻬는 태연자약했다. 늘 보던 광경, 흘러간 쑈쑈쑈였을 테니까 말이다. 역시나 산전수전 다 겪은 주방장답게 한마디하는 걸 잊지 않았다.

"셜롯은 언제 꺼낼 거지? 꾸스꾸스는?"

대충 요리복을 갈아입고 다시 꾸스꾸스를 삶았다. 쏟아지던 주문이 줄어들자 뜨거운 꾸스꾸스가 유린한 내 배와 등이 쓰리기 시작했다. 벌겋게 살이 달아올랐다.

원수 같은 꾸스꾸스를 피해봐야 도처에 깔린 게 지뢰밭이다. 튀김솥은 그야말로 초보요리사를 가지고 노는 녀석이다. 초짜들 손을 보면 칼에 베인 상처 말고는 대개가 튀김솥이 준 훈장들이 가득하다. 벌겋게 익은 상처들 말이다. 튀김솥은 초짜들에게 인생의 교훈을 던져준다. 보통 초짜들은 맹렬한 기세로 끓으며 혀를 날름거리는 튀김솥을 두려워한다. 물은 끓어봐야 100도지만 이건 200도 가까이 된다. 끓는 물과는 달리 피부가 홀랑 벗겨진다. 그래서 튀길 재료를 집어넣을 때 심리적으로 두려워서 되도록이면 손을 튀김솥에서 멀리하게 마련이다. 이게 함정이다. 이때 재료가 기름 속으로 풍덩, 하고 들어가게 되면 마치 삼류 다이빙선수처럼 엄청난 기름 거품을 일으킨다. 아악! 비명이 들리고 손등과 손목엔 기름이 튀어 여지없이 물집을 만들어낸다.

이때 못된 선배요리사를 조심해야 한다. 지나가면서 슬쩍, 엉덩이를 밀쳐 당신을 튀김솥과 도킹하도록 만들지도 모른다. 런던에서 요리를 했던 내 후배요리사 녀석은 더 심한 경험을 했다.

"오븐을 조심해야 해요. 동양인, 게다가 자기보다 요리를 잘하면 질투하는 녀석들이 꼭 있죠. 오븐을 열고 들여다볼 때 뒤에서 확 밀고 지나갑니다. 팔뚝과 손바닥이 홀랑 익어버리죠. 재수없으면 얼굴이 웰던으로 익을지도 몰라요."

그래, 런던의 웰던보다는 씨칠리아식 튀김이 되는 게 나을지도 몰라.

오븐은 아니지만, 냉장고를 가지고 초짜들을 놀려먹는 못된 고참들이 많다. 보통 큰 식당은 집채만한 워크인 냉동냉장고를 쓴다. 즉, 들어가면 갇힐 만한 조건이 된다. 초짜가 들어가면 밖에서 불을 꺼버린다. 캄캄 지옥이 되면 초짜는 심한 공포감에 사로잡히게 된다. 이게 냉동고라면 더욱 그렇다. 엄청나게 추운 냉동고, 아니 냉동방에 갇혀보시라. 지옥의 공포가 따로 없다. 물론 안에서도 문을 열 수 있도록 되어 있다. 그러나 당황하면 이런 사실을 까맣게 잊고 겹겹의 공포 속에 갇혀버리게 된다. 내가 아는 한 녀석은 냉장고 장난을 당하고 공황장애가 발병해서 요리사 생활을 그만두어야 했다. 극도의 공포 상태가 잠재되어 있던 질병을 불러온 것일 게다.

요리사들도 일종의 트라우마를 겪는다. 외상후스트레스증후군. 한마디로 '학을 뗀다'는 셈인데, 내게도 꾸스꾸스는 그렇게 학을 떼는 존재가 됐다. 그다음부터 노란색 좁쌀 같은 꾸스꾸스 알갱이는 쳐다보기도 싫어졌다. 한국의 내 레스또랑에서는 꾸스꾸스 구경을 못한다. 무슨 알레르기처럼, 등판과 배에 좁쌀 같은 두드러기가 돋아날 지경이니까.

그날도 나는 꾸스꾸스 요리를 피해 슬슬 딴짓을 하고 있었다. 벼락같이 주방장 쥬제뻬가 고함을 친다.

"로베르또오~! 꾸스꾸스 오인분, 오케이?"

으흑.

13
특명!
돼지를 잡아라

13
특명!
돼지를
잡아라

"으악!"

하마터면 비명을 지를 뻔했다. 쥬제뻬를 따라 그가 고기를 받아쓰는 동네 푸줏간에 갔는데, 주인이 막 도착한 허연 돼지 반 마리를 어깨에 얹고 작업실 문앞에 서 있었다. 그는 오늘 고기를 만질 생각이었다.

푸줏간 주인은 마치 엎어치기 한판을 시도하는 유도선수처럼 잔뜩 구부린 채 숨을 쌕쌕 몰아쉬었다. 그는 숨이 막혀서 업어치기를 시도할 지경이었다.

"얼른 받게. 빌어먹을 돼지가 내 숨통을 조인다구!"

돼지를 받아안을 때 하마터면 허리가 꺾일 뻔했다. 엄청나게 큰 돼지였다. 오랫동안 씨돼지 노릇을 했을 것만 같은 덩치에 카리스마까지 느껴졌다. 비록 머리는 잘려나가고 내장은 없는 데다 몸통은 반으로 잘린 상태였지만 말이다. 쥬제뻬는 진짜 돼지를 제대로 한번 잡을 생각으로 단골 푸줏간에 나를 대동하고 나타났던 것이다.

쥬제뻬는 뭐든 제대로 된 재료를 골라쓰는 주방장이었다. 닭 한 마리를 사더라도 부리에 윤기가 있는지(이딸리아의 닭은 머리가 달린 채로 팔린다), 제대로 뛰어다니면서 사육되어 다리가 단단한지 꾹꾹 눌러봤다. 그는 유기농이라는 개념에는 무신경했다. 오히려 그 의미를 뛰어넘는, '원래' 하던 방식으로 만든 먹을거리를 찾아내는 데 온 신경을 썼다.

"유기농의 의미도 이미 퇴색했어. 도시 사람들이 저 한몸 건강하게 살자고 농약이며 항생제 따져서 구입하는 것은 진정한 의미의 유기농이 아니지. 그 사람들은 유기농조차도 벌레 먹었다고 항의를 하는 멍청이들이니까."

하긴, 미국 캘리포니아의 거대 유기농 기업들은 최저임금에 멕시칸들을 고용하여 땡볕 아래서 쌜러드용 채소의 벌레를 손으로 잡도록 시킨다. 그 채소는 다시 경유를 펑펑 쓰며 수천 마일을 달려서 미국 동부로 간다. 과연 이것이 진정한 유기농일까. 인간과 자연의 조화라는 건강한 개념의 진짜 유기농이 될 수 있을까. 우리는 지구를 태우는 기름을 마시는 것일까, 쌜러드를 먹는 것일까.

그는 유기농이니, 뭐니 거창한 개념보다 오랫동안 씨칠리아 땅에서 재배하고 기르던 방식을 고수하려고 했다.

"로베르또…… 먼바다를 건너서 온 유기농 농산물이 진정한 의미의 유기농일까. 생각해봐. 비록 기를 때는 유기농일지 몰라도 기름을 물 쓰듯 쓰면서(그는 마치 유전에서 석유가 뿜어나오는 광경을 연상시키듯 두 팔을 연방 위로 펼쳐올렸다) 물을 건넜는데도?"

그는 또한 기업적으로 만들거나 하우스 재배한 유기농도 배척했다. 땅주인인 농부의 손길이 닿지 않으면 작물이나 가축은 공장 생산품이라고 생각했으며, 하우스 재배에 들어가는 기름을 저주했다. 그는 언젠가 하우스 재배한 오이를 들고 내게 말했다.

"이것 보라구. 한겨울에 웬 오이야? 이게 오이로 보여? 오이 부피보다 몇배의 기름으로 기른 이게 오이냐구? 오이 속에 기름이 가득 차 있어. 이건 진짜 오이가 아냐!"

그는 내게 성질을 부렸다. 괜히 내게 핏대야. 그는 한손에 오이를 쥐고 마구 흔들었다. 오이가 뚝 잘려나가 주방 벽에 내동댕이쳐졌다.

"보라구. 기름 먹고 자란 오이가 얼마나 힘이 없는지."

흠, 마구 휘두르는 당신 팔뚝 때문이 아니구?

지중해 태양의 요리사 123

그런 그가 탐내는 이 푸줏간 돼지는 과연 어떤 녀석일까 궁금했다. 이딸리아 역시 돼지는 대개 사료를 먹여 기른다. 기르는 기간도 한국보다는 길지만 돼지의 수명에 비하면 짧다. 돼지는 보통 여섯 달 정도 되어 체중이 100킬로그램에 달하면 목이 잘린다. 더 길러봐야 투입되는 사료에 비해 고기의 양이 적기 때문이다. 생명 사육에도 한계효용의 법칙이 적용된다(닭조차도 수명이 십년이 넘지만 불과 팔주 안에 목이 잘린다). 최대한 짧은 시간에 집중적으로 사료를 먹여 기른 후 재빨리 잡아버린다. 그래야 이윤이 '남기' 때문이다. 돼지를 기르는 것이 이미 공장화 단계에 들어갔다는 의미다. 돼지를 직접 어루만지고 쓰다듬으며 기르는 '농부' 대신 공장주만 있을 뿐이다. 이러니 돼지가 뭘 먹든, 아니 소가 소를 먹든 말든 그저 살이 빨리 찌면 그만인 것이다. 최소 투입량에 최대 산출량. 우리가 한때 지상과제로 삼았던 효율의 명제다. 광우병이 그냥 생긴 게 아니다.

"로베르또, 돼지가 몇년을 사는지 알아? 십오년은 너끈히 산다구."

그는 작업대 위에 부려진 돼지를 쓰다듬으며 중얼거렸다.

"이 녀석은 불과 이년 만에 죽었지. 불쌍도 하지."

이년생이라구? 이렇게 큰 돼지가? 어이가 없었다. 사람으로 치면 겨우 열살에 세상을 하직한 셈이었다.

"그나마 이놈은 큰 돼지라 오래 산 거야. 다른 녀석들은 일년

안에 하직일세. 딱 그때가 고기가 부드럽고 먹은 사료만큼 살이 찌는 한계거든."

씨칠리아 시골도 모든 고기는 정해진 도축장에서 잡아야 한다. 옛날, 마을 사람들이 크리스마스를 지내고 한가한 1월에 돼지를 잡아 양념을 해서 육가공품을 만들던 꿈같은 시절은 사라진 것이다. 이미 씨칠리아도 공장에서 찍듯이 만든 돼지고기를 먹고 있었다. 그렇다면 까다로운 쥬제뻬의 선택이 따로 있을 것 같았다. 공장생산되지 않은, 그가 진짜 돼지라고 부를 만한 놈 말이다.

"이름 있는 돼지를 찾아보게나. 이 녀석도 이름이 있었다고 하더군."

이름을 날렸다는 얘기인가? 그래, 이놈이 무슨 꽁꾸르에서 우승한, 소인지 돼지인지 구별이 되지 않는 슈퍼돼지란 말인가 보다. 그러나 쥬제뻬는 고개를 세차게 가로저었다. 그러면서 한심하다는 듯 양쪽 어깨를 위로 잔뜩 추켜올리고 한 손으로는 하늘을 찔러댔다. 답답하다는 뜻이다.

"아니아니! 로베르또나 쥬제뻬처럼 이름이 있다는 얘길세. 자네 집 개처럼 말일세. 이놈은 또띤가, 또똔가 그랬다나봐."

또띠(Totti)? 축구선수와 이름이 같은가? 그러자 그는 'Toti'라고 정정해주었다.

그는 말귀가 어두운 나를 한쪽 팔로 감싸안으며 바짝 얼굴을 갖다댔다. 뭔가 진지한 얘기를 할 때 쥬제뻬가 하는 동작이었다. 그의 입에서 점심밥으로 먹었을 게 분명한 기사식당 토종닭의 고소한 냄새가 났다.

"이름이 있다는 것은 정말 그 동물을 인간처럼 길렀다는 뜻이지. 공장에서 기르는 돼지나 소는 이름이 없어. 그러나 집에서 몇마리씩 기르는 녀석들은 누구나 이름을 갖지. 그런 돼지나 소에게 몹쓸 것을 먹일 수 있겠나?"

아하. 그는 '몹쓸 것'이라는 말에 힘을 주었다. 영국발 광우병 소동이 이딸리아도 위협하고 있던 때였다. 당시에는 안전했지만, 2001년에 이딸리아에도 광우병이 기어이 발병하고 말았다. 그러자 이딸리아는 쇠고기 대신 돼지나 말고기를 먹었다. 동네 슈퍼마켓에서 말고기 포장육을 팔던 기억이 지금도 생생하다. 말고기 등심은 오히려 쇠고기보다 비쌌다. 왠지 근육질이어서 질길 것 같은 말고기였지만 상상 외로 부드러웠다. 특히 안심은 그야말로 입에 넣으면 살살 녹았다. 각설하고……

푸줏간 주인은 작업대에 눕힌 또띠, 아니 돼지를 위해 칼을 갈았다. 짧지만 단단해서 뼈조차 잘라버릴 것처럼 튼튼한 나이프였다. 그는 왼손으로 돼지 엉덩이 쪽을 짚어가며 근육의 형태를 가늠했다. 그러고는 칼을 깊게 찔러 엉덩이 선을 따라 잘라나갔다. 쥬제뻬가 중계방송을 했다.

"꿀로! 비록 지금은 냄새나는 꿀로(엉덩이)지만 소금을 쳐서

서늘한 곳에 말리면 최고로 비싼 햄이 된다네."

이딸리아의 생햄은 정말 모두들 좋아하는 돼지가공품이었다. 보통 쁘로슈또라고 부르는데, 요즘은 한국 사람들도 먹는 수입품이 됐다. 쁘로슈또는 엉덩이를 2주 정도 소금에 절였다가 바람이 잘 통하고 습도가 적당한 산간지방의 창고 속에서 서너 달, 또는 1, 2년씩 말리면 완성된다. 익히지 않았기 때문에 당연히 생햄인데, 칼로 얇게 저며 먹으면 기막힌 맛이다. 오랜 시간 동안 소금간이 들고 고기의 아미노산이 분해되면서 특유의 짭짤한 숙성된 맛을 낸다.

재미있는 것은 우리나라에선 돼지 엉덩이 즉 뒷다리가 가장 싸고, 안심도 등심도 거의 헐값이다. 오죽하면 양돈가협회에서 큰돈을 들여 이 부위의 소비를 촉진하는 텔레비전 광고까지 할까. '10점 만점에 10점!' 반면 삼겹살은 웬만한 쇠고기값이다. 그런데 이딸리아는 정반대다. 뒷다리는 당연히 쁘로슈또를 만드니까 비싸다. 등심과 안심도 쇠고기의 그것과 같다. 이네들은 돼지고기 스테이크도 좋아하기 때문이다. 그러나 삼겹살은 고기 취급을 안한다. 요리할 때 양념으로나 쓰는 '기름' 대우를 한다. 1킬로그램에 오천원이면 살 수 있다. 나는 당시, 두 나라가 구상무역을 하면 좋겠다는 생각을 했다. 요즘 어쨌든 삼겹살은 수입이 된다. 수입 삼겹살은 아주 파격적인 가격이다, 적어도 우리 눈으로 보기에는. 국산의 절반값이면 살 수 있으니 말이다. 한국인의 삼겹살 사랑은 사실 그리 오래된 일이 아니다. 내 기억에도 1980년대 들어서 좀 먹고살 만해지면서 돼지갈비 대신 삼겹살이 유행하기 시작했다. 다시 말해서, 얼마든지 바꿀 수 있는 습관이 아닐까.

게다가 돼지기름이란 그다지 권장할 만한 것이 못된다. 포화지방과 콜레스테롤은 물론이고, 다른 문제도 있다. 요즘 많은 이들이 환경호르몬 걱정을 한다. 혹시 가축이 나쁜 것을 먹지나 않았나 하는 것이다. 우리 돼지도 이런 문제에서 자유롭지 못하다. 물론 피해갈 방법이 있다. 동물이 섭취한 중금속이나 환경호르몬 같은 문제 물질은 대개 지방 부위에 쌓인다. 바닷고기도 요즘 수은이 문제인데, 이게 거의 뱃살 부위에 쌓인다. 참치며 연어 뱃살이 횟감으로 최고 인기지만, 이런 내막을 알고 보면 좀 떨떠름하기도 하다.

어쨌든 푸줏간 주인과 우리의 주방장 쥬제뻬는 땀 한방울 흘리지 않고 돼지 뒷다리를 잘라냈다. 반 마리니까 한 개뿐이다. 이건 아마도 쁘로슈또감이 되겠지.

사족이지만, 돼지든 소든 큰 가축은 잡은 다음 반으로 갈라 공급된다. 정육점이나 큰 식당에서 이것을 받아 다시 작은 부위로 나눈다. 이런 과정을 모르거나 동물의 해부학적 경험이 없는 이들은 종종 착각을 한다. 등심이나 안심 같은 부위가 하나라고 생각하는 것이다. 그러나 몸뚱이 정 가운데에 들어 있는 내장과

성기 같은 부위를 빼면, 이런 가축들의 부위는 대개 두 가지다. 등심이나 안심은 가운데 등뼈를 기준으로 양쪽에 붙어 있다.

푸줏간 주인과 쥬제뻬는 돼지 뒷다리를 냉장고에 넣고는 또다시 재빨리 칼을 놀렸다. 단 서너 번의 칼질로 목살 부위가 떨어져나왔다. 까뽀꼴로. 역시 생햄을 만들면 최고의 맛을 내는 부위다. 한국에서는 '주먹고기'라고 부르면서 소금구이를 하는 부위다. 나는 이 부위를 보면서 소싯적 드나들던 연세대 앞 소금구이집들을 떠올렸다. 매캐한 연탄연기 속에 왕소금을 뿌려 굽던 그 고기가 바로 주먹고기였지 아마. 고기를 굽느라 얼마나 연기를 쐤는지 집에 가서 머리를 감으려면 샴푸 거품이 잘 일지 않을 정도였던 추억이 있다.

푸줏간 주인은 등뼈 사이로 칼집을 내고 갈비뼈를 추린 다음 조심스럽게 등심을 발라냈다. 한국에서는 돈까스나 만드는 천덕꾸러기 신세지만, 이딸리아에선 최고급 스테이크감이다. 갈비뼈를 붙여서 잘라야 하는 거라 아주 어렵다.

중요한 과정이 끝나고 나니 일은 일사천리였다. 부드러운 안심은 갈비뼈 안에 수줍게 붙어 있기 때문에 칼을 쓸 필요도 없었다. 그저 손으로 근막을 부욱, 뜯어내면 될 일이었다. 아쉽게도 갈매기살, 항정살 같은 최고급 부위도 잡고기 취급을 받는 게 이딸리아다. 쥬제뻬는 이런 잡다한 부위들을 그러모았다. 자, 쌀라미를 만들 시간이다. 이딸리아 쏘시지 쌀라미!

이딸리아 쏘시지는 가공 형태에 따라 크게 두 가지로 나뉜다. 고기를 갈아 창자에 넣어, 숙성시키지 않고 신선한 상태에서 바로 먹는 것이 쌀시체, 창고 시렁에 매달아 숙성시킨 것이 쌀라미다. 한국인이 즐겨 먹는 독일식 익힌 쏘시지는 이딸리아에선 독특하게도 '부스뗄'이라고 부르는데, 좋은 대우를 받지 못한다. 전통의 이딸리아식 육가공품이 아니라는 이유다.

"부스뗄? 흥, 애기들 이유식이지. 우린 그런 거 안 먹어."

쥬제뻬는 엉터리 슈퍼마켓용 쏘시지를 경멸했다. 쌀라미도 만들지 못하는 정체불명의 싸구려 부위에 밀가루를 섞어 만든다며 무시했다. 온갖 인공첨가물이 들어간 그런 음식을 먹으면 영혼이 파괴된다고 믿었다. 그는 오직 '진짜 쏘시지', 즉 이딸리아의 쌀라미를 만들 뿐이었다.

14
진짜 쏘시지를 만들자

14
진짜
쏘시지를
만들자

"로베르또, 이런 말이 있어. '네가 뭘 먹는지 말해주면 네가 어떤 사람인지 알려주마.'"

그는 18세기 프랑스 미식가 싸바랭의 말을 인용했다. 그의 눈빛이 번쩍거리는 듯 느껴졌다. 그렇지만 나는 어쩔 수 없는 싸구려 독일식 쏘시지 마니아였다—물론 독일의 쏘시지는 훌륭하지만, 이딸리아산 독일식 쏘시지, 즉 부스뗄의 품질은 딱 한국식 쏘시지 같았다. 이게 입맛에 꼭 맞았던 것이다. 보들보들하고 폭신폭신했으며, 뽀드득하며 씹히는 탱탱한 살이 일품이었다. 쥬제뻬가 뭐라고 하든 어떤 때는 이걸 먹어야 했다. 한국에서 먹던 쏘시지 맛과 똑같다는 걸 혀가 스스로 기억해냈던 것이다. 한국에서는 그다지 좋아하지도 않던 내게 졸지에 이 쏘시지가 향수 음식이 됐다. 심신이 아플 때는 그저 먹어야 한다. 먼 씨칠리아 땅에서 향수병에 시달리면 음식이 약이었다. 하얀 쌀밥을 지어 뜸을 들일 때 이 쏘시지를 통째로 두 가락쯤 넣는다. 그러면 금세 익는다. 밥을 떠서 고추장 두어 숟가락을 넣어 비비면 그럭저럭 고향의 맛이 났다. 반찬도 있었다. 주방에서 훔쳐온 마늘을 통째로 소금물에 담가두었다 꺼내 고추장에 박아두면 제법 장아찌 맛을 냈다.

명색이 이딸리아 요리를 배우러 간다고 큰소리친 주제에 몰래 숨어 고추장에 엉터리 쏘시지 밥이라니! 그래도 눈물겹게 이 밥을 먹었다. 살려면 별수 없는 법이다. 하다못해 그 흔한 중국 식당이라도 하나 있는 동네라면 얘기가 달라졌을 테지만, 음식 향수에는 장사도 못 당한다.

씨칠리아의 특급 주방장들은 뭐든 직접 만들거나 '아는' 재료를 가져다 쓰는 걸 최고로 친다. 그들은 전화 한통으로 비둘기 염통까지 배달받는 도시 주방장들을 '삼류'라고 대놓고 비웃는다. '어떻게 직접 만드는 걸 보지도 못한' 재료를 섣불리 쓰냐는 얘기였다. 올리브유도 믿을 만한 사람이 첫물로 짠 걸 골라 썼고, 고기도 아는 목축업자가 기른 걸 골랐다. 가을이면 버섯을 직접 따거나 아는 노인들에게서 버섯을 받아 썼다. 생선도 믿을 수 있는 동네 친구가 받아온 싱싱한 놈들만 기꺼이 프라이팬에 올렸다.

쥬제뻬의 요리법은 확실히 달랐다. 그는 요란한 요리법은 몰랐다. 그러나 재료의 근본에 더 충실했다. 화려하지는 않지만, 그의 요리가 이딸리아에서 주목받는 이유가 있었다. 그는 한국에서도 잘 알려진 슬로우푸드 운동의 씨칠리아협회 창립자였고, 매년 이딸리아에서 열리는 세계적인 바른 먹을거리 알리기 공동체인 '떼라 마드레'(Terra Madre, 어머니의 땅이란 뜻으로, 건강한 땅에서 건강한 정신으로 기른 음식물을 먹어야 지구인이 살 수 있다는 요리·식품 운동)에 기꺼이 주빈으로 참석해 열변을 토했다.

쥬제뻬는 종이봉지를 끌러 무언가를 꺼냈다. 주먹만한 하얀색 지방덩어리 같은 거였다.

"양의 창잘세. 쌀라미를 만들려면 양장이 있어야 하지."

쌀라미 껍질이 너무 두꺼우면 맛이 없다. 그런데 돼지창자는 길고 두꺼워서 얇게 만들자면 지나치게 늘어난다. 그래서 어른 팔뚝처럼 두꺼운 '쌀루미'를 만들 때나 쓰고, 보통 쏘시지처럼 가는 것은 만들지 않는다. 양의 창자가 딱 좋다. 대신 얇아서 잘 찢어진다. 소금물에 씻어야 냄새가 없어지는데, 이때 살짝 구멍이 나면 당시엔 모르지만, 나중에 쌀라미 속을 짜넣을 때 펑크가 난다.

역시 쌀라미는 속을 어떻게 만드느냐에 달려 있다. 싱싱하고 좋은 고기와 집안에서 누대로 내려오는 비전(秘傳)의 레씨피가 쌀라미 맛을 결정한다. 쥬제뻬는 마늘과 허브의 배합을 중시했다.

"마늘이 많으면 쓴맛이 나고, 적으면 비린내가 나지. 허브는 많으면 떫은데다 고기맛을 가려버리고, 적으면 누린내가 난다. 모자라지도 넘치지도 말아야 하는 게 쌀라미야."

커다란 함지에 잘게 다진 고기와 비계를 넣고 역시 다진 허브, 마늘, 돼지피, 가루치즈, 후추를 넣었다. 그 배합은 오직 쥬제뻬의 손끝에 달려 있었다. 끼적거려놓은 레씨피도 없었다. 그저 쥬제뻬의 심각한 표정과 손맛이 쌀라미 맛을 좌우하는 모양이었다.

그는 마지막으로 소금자루를 꺼냈다. 멀리 뜨라빠니의 염전에서 가져온 묵은 소금이었다. 천일염. 바다 냄새가 물씬 났다. 씨칠리아는 질 좋은 소금 산지로도 유명하다. 지금도 바닷가에 가면 소금밭이 있다. 우리 서해안 소금밭처럼 천일염이 눈처럼 쌓여 있는 광경도 볼 수 있다. 거의 고기 양의 절반은 될 만큼 엄청난 양의 소금을 부었다. 쌀라미는 소금 반 고기 반이었다.

이딸리아 요리는 짜다. 한국사람들은 거의 기절할 정도다. 그러나 이딸리아 요리의 맛은 소금에서 온다고 해도 과언이 아니다. 소금은 재료의 맛을 이끌어내는 마중물 같은 노릇을 한다. 소금간이 모자라면, 재료의 맛이 움찔 고개를 뽑다가 도로 들어가버린다.

그렇지만 소금의 총 섭취량은 한국사람보다 적다. 어마어마하게 짠 음식을 먹는데 무슨 말이냐구? 음식은 짜지만, 소금이 특히 많이 들어가게 마련인 국물요리와 김치가 없기 때문에 소금을 우리보다 적게 먹는 셈이다. 우리는 국이나 찌개가 없으면 밥을 먹지 못한다. 점심시간에도 거의 잔치 수준으로 휴대용 가스레인지에 찌개를 올려놓고 끓여 나눠먹는다. 국이나 찌개를 끓여본 사람은 안다. 제맛을 내려면 소금이 얼마나 많이 들어가는가.

김치는 또 좀 많이 먹나. 김치 역시 절여본 사람은 안다, 그 엄청난 소금의 양을. 물김치에 배추김치, 알타리, 열무김치…… 두어 쪽씩만 먹는다고 해도 소금 섭취량은 엄청나다. 쌀라미가 딱 김치만큼 소금을 많이 치지만, 김치처럼 매 끼니 먹는 건 절대 아니다.

쥬제뻬는 요리복의 팔뚝을 걷고 속을 치대기 시작했다. 오래 치댈수록 끈기가 생기고 맛이 좋아진다. 조금씩 반죽에 끈기가 생기더니 이내 한 덩어리로 뭉치듯 차지게 엉겼다. 흘리는 진땀으로 속이 조금 더 짜졌을 게다. 그래서 땀을 많이 흘리는 여름에는 쌀라미를 만들지 않는지도 모른다. 반죽은 냉장고에서 하루쯤 숙성한다. 사람이 주물러놓은 반죽이 서로 진액을 뿜으며 숙성될 터였다.

다음날, 쥬제뻬는 소금물에 담가놓았던 양장을 꺼내 조심스럽게 펴서 깔때기 주둥이에 끼우고 고기반죽을 밀어넣었다. 길이가 두 뼘쯤 되면 재빨리 창자를 돌려감아 매듭을 지었다. 그렇게 연속으로 쌀라미가 만들어졌다.

갓 만든 쌀라미는 쌀시체와 다름없다. 이걸 숯불에 구워먹으면 맛이 기막히다. 숙성된 맛은 없지만, 싱싱하게 입맛을 돌게 한다. 마치 김장날 먹는 겉절이 같다. 빵과 구운 쌀라미로 요기를 하고 일을 마쳤다. 돼지의 일생은 쏘시지로 마감된 셈이다. 육식이 인간의 숙명이라면, 천천히, 그 죽음이 헛되지 않도록 세상의 쓸모를 기꺼이 마련해주는 게 바로 요리사의 몫이다. 쥬제뻬는 그 역할을 흔쾌히 맡았다. 요리사란 요리를 만드는 사람이 아니라, 한 그릇의 요리가 식탁에 오르기까지 통제하고 감시하는 관찰자여야 한다고 그는 믿었다. 나는 그의 생각에 동의했다. 그렇게 하지 않으면 우리에게 미래가 없다고 생각했기 때문이었다. 우리 식탁에 오른 기름진 스테이크 한 덩어리는 어쩌면 우리 미래 세대에게서 빌려온 것이 아닐까. 쥬제뻬는 양미간을 찌푸리며 낮은 어조로 말했다.

"아마도 우리 자식들은 쇠고기를 마음껏 먹을 수 없게 될 거야. 우리가 다 뺏어먹었기 때문이지. 고기가 언제까지 무한정 값싸게 공급될 거라고 생각해? 고기는 지구를 파괴하고 있지. 초지가 말라가고 아마존이 무너지고 있어. 그게 다 없어지면 우리 아이들에게 고기를 줄 수 없을 거야."

그의 표정에서 대책없어 보이는 우울한 기운이 묻어났다.

15
미국 녀석들, 제 대 로 골려주마

15
미국 녀석들,
제대로
골려주마

씨칠리아는 이딸리아뿐 아니라 전유럽, 아니 전세계의 휴양지다. 바닷가를 따라 늘어선 고급 빌라들의 적지 않은 수가 외국인들 소유다. 특히나 유럽연합이 출범하면서 외국에서 부동산을 사들이는 것이 쉬워져 일어난 일이다. 그전에는 외국인이 이딸리아의 부동산을 사려면 거의 무슨 조약이나 휴전협정에 버금가는 서류뭉치가 필요했다. 그래서 생긴 농담도 있다.

"이딸리아에서 집을 사려면 트럭 세 대가 필요하다. 한 대는 이삿짐, 한 대는 구비서류, 한 대는 돈!"

마지막 '돈'은 당시 이딸리아 화폐의 액면 가치가 세계적으로 낮은 리라—현 유로의 2천분의 1밖에 안됐다—여서 생겨

난 풍자다. 어린이 교육의 선구자 몬떼쏘리 여사의 초상이 있는 1천 리라짜리로 자동차를 산다면 아마도 커다란 밀가루 포대가 필요했을 게 틀림없다.

어쨌든 씨칠리아엔 부동산 거래가 쉽든 어렵든 휴가철이면 외국인이 득실거렸다. 씨칠리아 깡촌 식당에도 이들이 밥을 먹으러 몰려왔다. 제일 만만한 건 역시 미국인이다. 그들은 종종 세계의 거물이나 지주처럼 행동하지만, 역시 '세기의 멍청이들' 답게 행동했다. 특히나 이민자의 후손들은 마치 고향식당을 찾듯 감회에 젖어 약간 거들먹거리며 식당에 들어섰다. 옛날 미국으로 이민갔던 사람들이 오랜만에 한국에 돌아와 종종 그랬던 것처럼 말이다. 다른 것은 야자수 그림이 요란한 하와이언 셔츠를 걸치지 않았다는 점뿐이었다.

예약전화를 받았을 때 영어를 쓰지만 성(姓)이 로씨, 삐까렐리, 보씨 같은 이딸리아계라면 틀림없이 그들이었다. 돈은 많고 미각은 짧아서 그야말로 봉 취급을 받곤 했다. 다만, 홀 매니저가 곤란을 겪는 일이 많았다. '미트볼 스파게뤼'가 없다는 걸 설득해야 했고, 생크림 빠스따도 없다는 사실을 설명하기 위해 진땀을 흘려야 했다. 하긴, 어떤 이는 피자가 없다고 벌컥 화를 내기도 했으니까. 이딸리아에서 피자는 전문 피자집에 가야 먹을 수 있으며, 고급식당에서 피자를 찾는 건 큰 결례라는 점을 그들이 알 리 없었다.

이들 미국 손님들을 즐겁게 하는 방법을 주방장 쥬제뻬는 알고 있었다. 코딱지만한 미니햄버거를 만들어 빅맥을 비꼰 '리틀맥'을 내놓거나, 피자를 찾는 손님에게는 미니피자의 일종인 삐체띠나를 상에 올렸다. 씨칠리아 사람들은 모두 마피아거나 마피아 협력자라고 착각하고 있는 이들을 위해 마피아나 먹을 듯한 빠스따를 만들어냈다. 뭐, 별건 아니었다. 뭔가 누아르풍의 음울한 느낌을 살려 카카오 분말로 면을 반죽하고 비트 초콜릿(쓴맛의 무가당 초콜릿)을 쏘스로 쓰는 그만의 빠스따였다. 나중에 쥬제뻬는 아예 초콜릿과 카카오를 주제로 한 요리책을 퍼낼 정도로 이 방면의 고수였으니, 엉터리 메뉴라고만은 할 수 없었다.

하여튼 이런 메뉴를 들고 홀에 나간 쥬제뻬는 한껏 폼을 잡았다. 이딸리아 사람 특유의 형식미를 과시하는 거였다. 마치 빠바로띠가 「공주는 잠 못 이루고」를 열창하기 위해 뒤뚱거리며 무대에 걸어나가는 듯한 자세 말이다. 그러고는 왼손을 길게 뻗어 테이블에 음식을 올려놓았다. 역시 빠바로띠가 손수건을 꺼내 열광하는 관객을 향해 흔들듯이. 그러면서 짧은 영어로 환영사를 뱉어냈다.

"웰컴 투 유어 홈타운, 이딸리아! ……고향에 오신 걸 환영합니다."

고향이라니. 역시 쥬제뻬는 천재였다. 이 말이 떨어지기 무섭게 얼굴도 보지 못한 중고조 할머니와 브루클린 뒷골목에서 아일랜드놈들과 처절한 세력다툼을 벌이셨을 증고조 할아버지를 상상하느라 다들 숙연해졌다. 너희들은 고향에 온 거라구. 자자, 맘껏 마시고 먹고 고향의 증고조 할머니 솜씨를 느껴보라구.

그런 날의 매상은 늘 기록적이었다. 화이트와인을 맥주처럼 마셔댔고, 취기가 올라 흥이 난 누군가는 독한 그라빠를 위스키 삼아 마셨다. 누군가 "께 벨라 로싸~"로 시작하는 「오 쏠레미오」를 흥얼거리면 아예 합창의 바다가 넘실거렸다. 주방에선 그런 광경을 보면서 배꼽을 잡고 웃었다. 아니, 씨칠리아 한구석에서 웬 나뽈리 깐쪼네란 말인가. 하긴, 베네찌아의 곤돌라잡이들도 나뽈리 깐쪼네를 멋들어지게 불러 팁을 뜯어내곤 하는데 뭘.

손님들이 모두 물러간 건 새벽 두시가 넘어서였다. 얼마나 땀을 많이 흘렸는지 이런 날은 요리복을 벗으면 '스슥, 써걱' 하고 소리가 난다. 말라붙은 소금이 떨어지는 소리다. 샤워라도 제대로 하고 자야 하지만, 빗물을 받아놓은 물통은 쉭쉭 소리를 냈다. 물이 떨어져가고 있다는 뜻이다. 이럴 땐 그저 얼굴의 소금기나 걷어내고 자는 게 상책이었다. 전갈이 덤비지 않기를 빌면서 금세 곯아떨어졌다.

16
이딸리아와 한국의 음식은 닮았을까

16

이딸리아와 한국의 음식은 닮았을까

이딸리아에 살면서 겪는 혼란은 꽤나 극적이다. 이 땅이 한국인지 이국인지 혼동할 만큼, 기시감까지 들 정도로 일치하는가 하면 결국 이딸리아도 정나미 뚝뚝 떨어지는 서양이라는 확인도 하게 된다. 그 '정 떨어지는' 얘기까지 해서 피곤해질 필요는 없을 듯하다. 우리는 그저 2002년 월드컵에서 이딸리아가 한국에 깨지고 왜 그 난리를 피웠는지, 이딸리아 음식에 한국 사람들이 왜 그렇게 열광하는지에 대해 수다를 떨기에도 시간이 부족하니까.

축구 얘기를 해서 안됐지만, 이딸리아 사람들이 패배에 수긍할 수 없었던 건 너무도 당연하다. 왜? 세계 최강이라는 브라질이나 프랑스에 깨져도 그들은 똑같은 소리를 할 테니까. 한마디로 저 잘난 멋에 사는데 극동 귀퉁이의 새알만한 나라에 졌으니 오죽했을까. 그렇다. 그 나라나 한국이나 저 잘난 멋에 산다.

종종 그 나라에서 이딸리아 녀석들과 싸울 일이 있었는데, 애들은 먼저 흥분부터 하고 본다. 다혈질이라면 한국인도 한가락 하니 싸움이 가관이다. 둘 다 얼굴이 시뻘게져서 죽일 듯이 노려본다. 나중에 생각하면 별것도 아닌 일로 그랬던 것이다. 그리고 쉽게 화해하는 것도 비슷하다. 하여간 두 반도 나라 사람들이 붙으면 요즘 유행한다는 이종격투기는 애들 장난인 것이다.

이런 유사성을 어떤 이는 자연환경이 비슷하다는 점으로 이해하려고 한다. 땅덩어리의 7할이 산이며 사계절이 뚜렷하다는 건 대개 아는데 이뿐만이 아니다. 화산섬 씨칠리아에 살다보면 어쩌면 그렇게 제주도 같은지 기가 막힐 지경이고, 이딸리아의 동해안으로 넘어가다보면 마치 영동고속도로를 타고 대관령이나 미시령을 넘는 짝이다. 완만하게 고도가 높아지다가 급격하게 높은 산이 나오고, 곧바로 좁은 평야와 바닷가가 나온다.

얘기가 음식으로 넘어오면 이건 숫제 판박이다. 생선요리를 즐기는 것은 물론이고, 만두며 팥죽, 소꼬리탕, 내장탕 같은 요리가 있다면 믿겠는가. 침 넘어가는 만두부터 시식해보자.

이딸리아 만두는 흔히 라비올리라고 부른다. 고기와 채소로 속을 채우는 것도 우리와 비슷한데, 단백질 발효식품을 넣는 데

이르면 아예 쌍둥이다. 바로 치즈와 두부다. 재료가 우유냐 콩이냐 하는 차이뿐이다. 만두국도 있다. 사골국물을 내듯, 이딸리아에서도 육수를 내어 작은 만두를 동동 띄워 먹는다. '또르뗄리니'라고 부르는 라비올리의 일종이다. 뿐이랴, 평양만두 같은 왕만두도 있다. 이건 라비올로네다.

팥죽이 있다는 말도 금시초문일 터. 팥을 잘 갈아서 쑨 다음 새알 같은 걸 넣어 먹는 것도 똑같다. 새알 대신 아넬로(반지)라는 이름의 동그란 빠스따를 넣는 게 다를 뿐이다.

나는 이딸리아에 가기 전에 단단히 작정한 게 있었다. 소나 돼지 내장을 맘껏 먹어보겠다는 심산이었다. 그 비싼 양이며, 소꼬리 같은 걸 서양에서는 고양이 먹이로 쓰거나 버린다는 얘기를 주워들었기 때문이다. 헛다리 단단히 짚었다. 미국에서나 일어나는 먼 나라 소식이었다. 이딸리아는 하여간 그런 것까지 우리와 닮았다.

소나 돼지, 닭 따위를 잡으면 알뜰하게 모든 부위를 다 먹는 것도 어쩌면 그렇게 닮았을까. 소골로 쏘스를 만들고, 소꼬리는 찜이나 구이로 먹는다. 내장도 탈탈 털어 탕을 끓인다. 고추와 토마토를 넣어 벌건 것이 내장탕과 별반 다를 바가 없다. 겨울에 추위를 이기는 스태미너 음식으로 먹는 것까지 쏙 뺐다. 우리가 늘 안심하고 소 내장탕을 먹을 수 있는 건지는 장담할 수 없지만 말이다. 고기가 들어오면 뼈도 오게 마련이고, 내장이

지중해 태양의 요리사

들어오지 말란 법은 없으니까. 광우병으로 수입금지가 되기 전에는 우리가 엄청난 양의 미국산 뼈와 내장을 수입했다는 사실을 기억하지 못하는 분들이 많을까봐 붙이는 말이다.

돼지 내장으로 순대를 만들어 즐긴다는 사실도 놀라웠는데, 오징어순대를 보고서는 잠시 혼란스러웠다. 씨칠리아 식당에서 일할 때 잘 나가는 메뉴 중 하나였다. 찜통에 찌지 않고 오븐에 굽는다는 사실만 빼면 재료까지 거의 비슷하다.

갈비찜도 있다. 마치 간장에 졸인 것처럼 삼삼한 맛이 꼭 비슷하다. 무슨 맛인가 했더니 발싸믹 식초로 졸였단다. 발싸믹 식초는 재료는 다르지만 마치 간장과 흡사한 식재료다. 보통 3년 정도 묵혀서 먹는데, 이것조차 우리 간장의 제법과 닮았다. 색깔과 냄새가 간장의 그것이다. 모데나에 있는 발싸믹 식초 공장에 견학을 간 적이 있다. 식초가 발효되는 퀴퀴한 냄새가 꼭 간장 공장에 온 것 같았다.

이딸리아는 한국처럼 고기를 잘게 잘라서 찌거나 볶거나 양념해서 가볍게 굽는 요리가 일상 음식이다. 좌우지간 고기요리까지도 한식과 비슷하니 기가 찰 일이다.

닭은 또 어떤가. 닭간과 모래집까지 먹는다. 간은 볶아서 마늘 양념한 후 빵에 얹어먹고, 모래집은 아드득 씹히는 맛을 즐기기 위해 푹 삶은 후 볶아먹는 것도 오십보백보다. 닭발을 먹는 것은 본 적이 없는데, 대개는 육수를 끓일 때 넣는다. 그렇지만 아마도 어느 곳에선가 요리해서 먹고 있을지도 모른다. 그게 이딸리아의 식습관에 어울리기 때문이다.

교민이 거의 없는 이딸리아에서 한국인들은 한국식 먹을거리를 구해서 먹는 데 어려움을 겪는다. 로마나 밀라노 같으면 그래도 낫다. 씨칠리아에서는 언감생심. 그러나 궁하면 통한다. 나는 김치까지 담가먹었다. 어떻게?

자, 김치는 배추와 고춧가루, 젓갈이 핵심이다. 이걸 다 구했다면 믿을까. 게다가 씨칠리아는 유럽 어디든 흔한 중국인도 거의 없는 곳이어서 중국 배추도 없다. 배추 비슷하게 생긴 녀석이 있는데 맛이 쓰고 질겨 푹 삶아 소금 쳐서 고기요리에 곁들여 먹는다. 이놈을 절이는 데 천일염을 두 배로 넣어도 숨이 죽지 않아 애를 먹었다. 우리 배추처럼 연하고 물이 많은 놈이 아니어서 그럴 수밖에.

고추도 예술이다. 얼마나 두껍고 질긴지 고추장아찌를 담갔더니 숨이 죽는 데 두 달 걸렸다면 아무도 믿지 않을 게다. 물론 고춧가루는 흔해서 구하는 데 어려움이 없다. 그러나 단맛이 없고 지나치게 매워서 매콤달콤한 한국의 김치맛을 기대할 수는 없다.

젓갈도 조달이 가능하다. 안초비로 해결했다. 생물을 어시장에서 사서 굵은소금을 뿌려두었더니 젓갈 비슷한 맛을 냈다.

파도 이딸리아에서 많이 먹는 걸 보면 참으로 신통방통한 일이다. 쪽파, 대파를 용도에 따라 요리에 쓴다. 하긴 마늘과 파, 고추 따위가 모두 서양을 통해 한국에 전해진 사실을 떠올리면 놀랄 일도 아니지만. 그러나 마늘과 고추는 이딸리아 요리에 많이 쓰이긴 하지만 한식처럼 무조건 필수품목은 아니다. 어떤 요리는 아예 마늘이 빠지기도 하며, 특히 매운 고추는 대부분의 요리에서 찾아볼 수 없다.

여기까지는 그럴 수 있다고 치자. 진짜로 놀랄 일 한 가지. 생선회, 그것도 민물회를 먹는다면 믿겠는가. 요즘은 보기 어렵지만 전통적으로 북부 이딸리아의 호수 주변에서는 먹어왔다. 그것도 초장까지 곁들여서 말이다. 새콤한 토마토쏘스에 찍어먹는 거지만 색깔이 영락없는 초장이다.

이딸리아에 유독 절임음식이 발달한 것은 주목할 만하다. 특히 생선과 야채를 절이는 데는 일가견이 있는 민족이다. 생선은 어떤 것이든 절여서 먹고, 채소도 흔히 오일과 식초 절임을 해 먹는다. 특히 생선절임은 환상적인데, 심지어 '바깔라'라고 부르는 대구절임은 이딸리아 전역에서 인기있는 식품이다. 굵은 소금을 뿌려 말린 후 시장통에서 파는 바깔라의 맛은 우리 대구절임이나 명태절임과 똑같다.

미주지역에서는 거의 보기 힘든 갈치나 오징어, 갑오징어, 낙지, 문어 같은 해산물요리를 흔히 만날 수 있는 것도 이딸리아와 우리의 유사성에 고개를 끄덕이게 만드는 대목이다.

마지막으로 이딸리아 냉면으로 마무리하자. 그러니까 물냉면은 없고 비빔냉면은 있다. 차갑게 식힌 스빠게띠에 올리브유와 각종 채소를 넣어 비벼먹는데 이건 쌜러드의 일종이다.

나는 이딸리아에 가기 전에 단단히 작정한 게 있었다.
소나 돼지 내장을 맘껏 먹어보겠다는 심산이었다. 그 비싼 양이며,
소꼬리 같은 걸 서양에서는 고양이 먹이로 쓰거나 버린다는
얘기를 주워들었기 때문이다. 헛다리 단단히 짚었다.
미국에서나 일어나는 먼 나라 소식이었다.
이딸리아는 하여간 그런 것까지 우리와 닮았다.

17
씨칠리아의 어시장

17
씨칠리아의
어시장

"골라, 골라! 싱싱한 붉은새우가 싸요!"

새벽 어시장이 불을 밝혔다. 시장통의 풍경은 어디나 똑같다. 나는 아직 잠이 덜 깨어 부스스한 얼굴로 주방장 쥬제뻬의 꽁무니를 졸졸 따라다녔다.

까따니아 어시장은 씨칠리아 제2의 어시장이다. 경상도보다 더 큰 씨칠리아 섬에서 제2의 어시장이라면 상상을 초월하게 크다. 물론 가장 큰 것은 주도(州都)인 빨레르모에 있다. 끝도 없이 이어진 좌판에서 갓 잡아올린 펄떡거리는 생선들이 주인을 기다리고 있었다.

씨칠리아에서는 웬만해선 양식어패류를 먹지 않는다. 사방에 펼쳐진 바다에서 엄청난 양의 해산물이 올라오기 때문이다. 그러나 값이 싼 것은 아니다. 특히 한국에서 흔한 홍합이나 바지락, 오징어류는 상당히 비싸다. 반면, 한국에서 금값인 도미나 생참치, 송어 같은 고기는 말도 안되게 싸서 회깨나 좋아하는 나 같은 사람들을 홀리곤 했다.

내가 이딸리아에서 장난처럼 생각한 사업 아이템이 하나 있다. 생선과 잡다한 해산물 따위를 한국에 가져다 팔면 시쳇말로 떼돈을 버는 장사가 되지 않을까 생각했다. 오징어 같은 연체동물과 두족류, 조개, 게까지 적어도 너댓 배에서 열 배까지 값 차이가 나는 종류가 많았던 까닭이다. 물론 사업이야 실천할 요량이 없어 생각으로 끝났지만, 지금도 혹시 누가 시도한다면 가능성이 있지 않을까.

흔히 이딸리아 요리가 한국과 비슷하다고 하는데, 해산물과 생선을 요리하는 다양한 방법도 한국과 닮은꼴이 아닌가 생각한다. 아닌게아니라 특별히 하고 싶은 얘기는 '알'이다.

쥬제뻬가 이날 어시장에 들른 건 이 알 때문이었다. 막 배에서 갈라낸 싱싱한 참치알을 원했다. 참치알은 그가 가장 좋아하는 요리에 쓰인다. 천일염을 술술 뿌려서 그늘에 꾸덕꾸덕하게 말리면 기막힌 맛의 요리재료가 됐다. 쥬제뻬가 가장 먼저 한 일은 뜨라빠니산 천일염을 구하는 일이었다. 한국 광고에도 나온, 소금밭이 끝도 없이 펼쳐져 있고 풍차가 도는 풍경이 바로

뜨라빠니다. 제2차 세계대전 때 미국 해병대의 씨칠리아 상륙지로도 잘 알려진 이곳은 지금도 폼나는 관광지로 유명하다. 그러나 쥬제뻬에게는 그저 최고의 소금이 나는 곳일 뿐이었다.

"소금이 음식맛의 절반이야, 로베르또. 그걸 기억해!"

로베르또, 아니 나는 그저 고개만 끄덕였다. 길게 얘기하지 않아도, 소금이라면 한소금 하는 한국에서 온 내가 그걸 모를쏘냐. 김장맛의 8할이 소금맛이고, 젓갈맛도 소금에 달려 있다는 것 정도는 아는 한국인 요리사가 아닌가 말이다.

하긴, 소금으로 유세하는 곳이 유럽이다. 한국에서는 질 좋은 소금의 역사가 사그라져—한국의 질 좋은 소금이 당국에 의해 식용이 아닌 '광물질'로 오랫동안 분류되었다—그저 염화나트륨 성분 99퍼쎈트가 소금 노릇을 하지만, 유럽은 소금의 스펙트럼이 매우 다양하다. 스코틀랜드산 천일염이라거나, 히말라야산 암염 등의 고급소금이 요리마다 다른 얼굴로 찬조출연하곤 한다. 싼 것과 비싼 것의 가격 차이가 수백 배 나는 것이 유럽의 소금이다. 나중에 한국에서 이딸리아 소금을 좀 사서 써보려다가 나는 기겁을 했다. 수입상이 일러준 소금 가격이 어마어마하게 비쌌기 때문이다.

쥬제뻬는 딱 마음에 드는 참치알을 발견한 모양이었다. 코를 벌름거리며, 살짝 벗어진 이마에 땀이 막 맺히는 걸 보면 알 수 있었다.

"큼큼…… 이거 얼마요?"

세상 어디나 시장에선 흥정이 벌어진다. 그 기싸움, 정말 대단하다. 그러나 결론은 이미 내려져 있지 않은가. 상인이 지는 경우는 거의 없다. 그러나 쥬제뻬는 달랐다.

알을 척 보곤, 북아프리카산인지 씨칠리아산인지 알아맞혔다. 아니, 그걸 어떻게 알 수 있을까. 지중해에서 아프리카나 씨칠리아나 똑같이 어울려 배를 띄워 잡은 고기가 구별될 리 만무한데 말이다. 한국에서도 저 멀리 공해상에서 중국 배가 잡으면 중국산이고, 한국 배가 잡으면 한국산인 고기가 있지 않겠는가. 기가 꺾인 상인은 꽤 괜찮은 알 무더기를 헐값에 쥬제뻬에게 넘겼다.

쥬제뻬는 참치알을 주방에 부려놓고 흐르는 물에 잘 씻었다. 그러고는 비장의 소금자루를 꺼냈다. 소금에서 단맛과 미네랄 촉감이 강하게 느껴졌다. 초짜인 내가 봐도 좋은 소금이었다. 소금을 술술 뿌려 그늘에 말리면 이제 최상급의 어란, 씨칠리아 요리에서 빠질 수 없는 '보따르가 디 똔노'가 되는 것이다.

전라도 영암 땅에는 옛날부터 어란이 유명하다. 숭어알로 5월에 만드는 어란은 발효되어 톡 쏘는 맛과 구수하고 짭짤한 맛이 "어란 좋아하면 제 논 다 잡혀먹는다"는 말이 있을 만큼 탁월하다고 한다.

오죽 영암 어란이 유명하면, 한국식품영양학회에서 「어란의 품질에 건조속풍이 미치는 영향」이라는 논문까지 나왔을까.

어쨌든 영암 어란처럼 탁월하게 맛있는 수준은 아니지만, 쥬제뻬의 씨칠리아 어란도 맛이 뛰어났다. 잘 말린 후 알집 껍질을 벗기고 잘게 다져서 올리브유에 볶는데, 그 풍미가 기막히다. 여기에 약간의 올리브유 루(되직한 쏘스)를 첨가해서 스빠게띠를 비비면 최고의 미식이 된다.

씨칠리아 어시장에 참치만 있는 건 물론 아니다. 갈치구이를 만난 것도 놀라웠다. 마치 은갈치같이 비늘이 칼날처럼 반짝이는 갈치! 보기엔 너무도 먹음직스러웠지만, 이 역시 물이 다르니 맛이 달랐다. 살이 지나치게 단단해서 갈치구이 특유의 부스러지는 살맛이 없었던 것이다. 지중해 생선은 대체로 살이 여물고 단단한 편이다. 오징어 역시 그렇다. 상당히 질기고 단단하다. 오히려 회로 먹었더니 탱탱한 맛이 절묘하게 느껴질 정도였다.

지중해 사람들은 대구도 아주 좋아한다. 한국은 이미 서민은 쉽게 맛볼 수 없는 고급어종이 되었지만 지중해에서는 아직 흔한 생선이다. 먹는 법도 한국과 아주 비슷하다. 토막내어 갖은 채소와 조개를 넣고 한국처럼 수프(찌개)로 끓이거나 절여서 많이 먹는다. 이딸리아에서는 바깔라라고 부르는 염장대구를 먹는다. 천일염에 진하게 절여 자연건조시킨 바깔라는 우선 한국처럼 물에 불려 소금기를 빼고 부드럽게 만든다. 이걸 올리브유에 지지거나 가벼운 양념으로 요리한다. 한국에서 염장대구를 먹는 법과 비슷하다. 대구는 살이 단단한데, 염장하면 살이 죽죽 찢어지는 느낌이 있어 훨씬 맛이 좋다.

조개도 물론 좋아한다. 우리가 보통 '봉골레'라고 부르는 바지락이나 모시조개가 바로 그것이다. 이딸리아의 대표적인 스빠게띠 요리 중 하나인 봉골레 스빠게띠는 이렇게 많이 나는 조개 때문에 생겼다. 그런데 요즘은 물이 나빠지고 수확량이 줄어 값이 비싸다.

쥬제뻬의 어란 스빠게띠는 늘 인기였다. '스빠게띠 알라 보따르가 디 똔노'라는 긴 이름을 가진 이 스빠게띠는 특유의 짠맛과 감칠맛이 아주 일품이었다. 어떤 단골은 이 스빠게띠가 메뉴에 등장하면, 늘 출근하듯 들러서 주문했다. 자그마치 250그램! 빠스따를 그램 수를 지정해서 시킨다는 점은 한국과 달랐지만 영락없는 곱빼기였다.

나는 한국에서 종종 이 요리를 만들어본다. 얼리지 않은 참치 알을 구할 수 없으니, 싱싱한 대구알로 대신한다. 지중해 바람 맛이 나지는 않지만, 질 좋은 서해안 천일염으로 만든 국산 대구알도 썩 맛이 괜찮다.

18
경찰서는
죽 어 도
가기 싫어요

18
경찰서는
죽어도
가기 싫어요

 유럽의 오래된 농담 하나가 있다.
―공무원을 소재로 한 가장 짧은 거짓말은?
　　．
　　．
　　．
―답: 공무원이 일하고 있다.

프랑스나 이딸리아 같은 나라에서 살아본 사람이라면, 이런 농담에 박장대소하곤 한다. 유사한 체험들이 있기 때문이다. 공무원들의 업무처리가 종종 사람들을 답답하게 만드는 것은 어느 나라나 비슷한 모양이다. 이딸리아 공무원들은 내게 재미있는 체험을 자주 안겨주었다. 최근에는 앞뒤로 꽉 막힌 경찰 아저씨들이 나를 웃기기도 했다. 2009년 초, 나는 이딸리아를 여행하고 있었다. 경치 죽여주는 시골을 달리던 우리 일행의 차를 싸이드카가 막아섰다. 경미한 속도위반—이라고 주장하기에는 좀 머시기한 시속 180킬로미터로 밟던 중이었다—에 우린 어색한 웃음으로 대충 때우려 했다. 여권과 국제운전면허증을 제시할 때만 해도 외국인 관광객들이니 무사통과를 기대했다. 그런데 웬걸, 경찰들 눈초리가 사나워지는 거였다. 이딸리아어를 알아듣지 못하는 척하는 우리에게 그들이 영어로 물었다.

"당신들 언제 이딸리아에 들어왔수?"

의아해하던 우리는 곧 그 의심의 원인을 알아냈다. 여권에 입국 스탬프가 없었던 것이다. 며칠 전, 공항을 들어올 때 출입국 심사 공무원이 전화로 누군가와 수다를 떨면서 우리더러 손짓으로 어서 들어가라고 지시할 때 알아봤어야 했다. 입국기록이 없으니, 대여섯 달 전의 출국기록만 남아 고스란히 몇달 동안 불법체류한 것처럼 의심받기 딱 알맞았다. 겨우겨우 입국했던 비행기 좌석표를 찾아 제시하고 풀려나기는 했지만, 우리는 골탕을 단단히 먹은 셈이었다. 일행 중 누군가가 이딸리아 공무원들을 성토하기 시작했고, 나는 그 시절의 씨칠리아로 돌아가는 상상을 했다.

이딸리아의 여름 아침은 아직 캄캄하다. 썸머타임제—누군가 일광시간절약제라고 난감하게 번역한—를 시행하는 까닭이다. 나는 그 어느 여름날 아침, 눈곱을 떼어내자마자 경찰서로 갔다. 어젯밤 식당일이 늦게 끝나는 바람에 몸은 묵은 이불처럼 무거웠지만 별수 없는 일이었다. 외국인 체류허가연장을 하려면 새벽같이 줄을 서야 했다. 이딸리아 도시의 구석구석에서 하급 노동에 종사하는 외국인들은 모두 이 짓을 일년에 한번 정도 치러야 한다. 그래서 체류허가연장 시기가 되면 소화도 잘 안되고, 신경질이 늘며, 얼굴이 노래지는 증상이 나타난다. 고된 노동도 힘든 판에 경찰서에 가서 시달려야 할 일이 끔찍했기 때문이다.

온동네에서 이름도 얄궂은 인종들이 모두 경찰서 마당에 모이는 게 체류허가연장 시기의 아침 풍경이다. 한자 이름의 중국인들, '~프(v)'로 끝나는 동구권 아저씨들, '은(n)~'으로 시작하는 특유의 이름을 가진 아프리카 언니들 사이에 나도 끼였다. 인물 잘빠지고 입성 고운 미국인들은 내가 외면한 건지 보지 못한 건지 이런 대열에서 발견하기란 참 어렵다. 규정상 보름 이상 머물려면 누구나 체류허가를 받아야 하는데 말이다. 어쨌든 새벽밥 지어먹고 선 줄인데도 앞에 새까맣게 긴 줄이 보였다. 요즘은 어떤지 몰라도 번호표 발행기 같은 건 애초부터 없었다. 그저 줄을 서서 새치기를 감시해가며 창구의 경찰관이 제발 어제 축구경기 결과에 대해 동료들과 토론하지 않기만을 빌어야 한다. 만약, 그 경기의 두번째 골이 오프싸이드 오심판정 문제가 있어 동료와 격론이라도 벌어진다면, 그 줄은 꼼짝없이 지체와 정체를 반복해야 하기 때문이다. 이딸리아인들은 격론이 벌어지면 일단 손에 들고 있는 모든 물체, 설사 그것이 하루가 급한 외국인의 체류허가서류라도 내려놓고 두 손으로 하늘을 가리키고 흔들고 찔러대는 제스처를 해야 한다. 이런 광경은 길에서도 종종 볼 수 있다. 휴대폰으로 누군가와 통화하다가 화가 치밀면 휴대폰을 고개 사이에 끼우고 두 손으로 해당하는 제스처를 해야 한다. 물론 영상전화가 아니어도 말이다. 내가 일하는 주방에서도 마찬가지다. 프라이팬 두 개를 양손에 쥐고 열심히 뭔가를 볶아대는 와중이어도, 주문서가 법정서류처럼 쌓여도, 동료와 말싸움이 벌어지면 다 내려놓고 제스처를 한다. 이딸리아에서 당신이 주문한 빠스따가 눌어붙었다면, 틀림없이 이런 '제조과정'을 거쳤다고 생각하면 된다.

다시 경찰서 앞마당. 줄이 좀체 줄어들 줄 모른다. 으흠, '일 뗌뽀 디 까페'(il tempo di caffe), 커피타임인 것이다. 이딸리아인들은 하루종일 커피와 함께한다고 해도 과언이 아니다. 커피를 생산하는 건 아프리카나 아메리카 대륙이지만, 세계에서 맛있는 커피를 만드는 건 오직 자신들뿐이라고 굳게 믿는 이딸리아인들이다. 물론 나는 그 의견에 대체로 찬성한다. 다만, 체류허가서류를 앞에 놓고도 어김없이 찾아먹는 커피타임이 미울

뿐이다.

이딸리아의 하루는 커피로 시작한다. 대충 눈을 비비고 세수하고 집을 나서면 가장 먼저 하는 일이 커피 한잔이다. 대개 제대로 된 아침을 먹지 않고 브리오슈나 꼬르네또(크루아쌍) 한쪽과 까뿌치노로 때운다. 오전 열시쯤에는 에스쁘레쏘를 한 잔 마시고, 점심 식후에 다시 한 잔, 오후에 한 잔, 저녁 먹고 한 잔…… 기본적으로 대여섯 잔의 커피를 마신다. 그 기다란 손가락 끝에 앙증맞은 에스쁘레쏘잔을 끼우고 멋진 손동작으로 커피를 마시는 이딸리아인들을 보면, 그 우아한 자태에 반하지 않을 수 없다. 커피잔은 또 얼마나 작고 아름다운가. 그 잔에 참새눈물만큼 농축된 에스쁘레쏘, 그 위에 노랗게 올라앉은 끄레마는 이딸리아의 상징이다. 그들은 미국식 드립커피를 햄버거처럼 경멸한다. 한국에서는 가루커피를 즐기고, 에스쁘레쏘 값이 오천원이라고 하자, 쥬제뻬는 눈을 동그랗게 뜨고 과장된 몸짓으로 대꾸했다.

"아니 아니, 그건 커피에 대한 모독이야. 어떻게 가루커피를 먹을 수 있지? 그건 전쟁터에서 군인들이나 하는 짓이라구. 게다가 오천원? 커피는 평등한 거야. 이딸리아에서는 거지나 대통령이나 똑같은 커피를 마신다구. 길거리 커피나 로마의 커피나 다를 바 없지. 한 잔에 천 리라(육백원)!"

사실이다. 이딸리아에서 커피는 일종의 민주주의다. 누구나 똑같은 커피를 마실 수 있게 값이 싸다. 교도소에서도 에스쁘레쏘를 마실 수 있다. 담배는 끊어도 커피는 못 끊는다. 오죽하면 커피를 마실 수 없는 환자를 위해 '커피맛 보리차'를 판다. 이게 값이 싸지도 않다. 커피값과 비슷하다. 맛은? 뭐 서울의 프랜차이즈 커피숍 커피보다는 훨씬 낫다. 커피콩 한톨 들어 있지 않아도 말이다.

모든 물가가 올라도 커피는 가장 나중에 움직인다. 천 리라는 유로 환율로 0.5유로쯤 한다. 내가 이딸리아에 살던 십년 전만 하더라도 커피 한 잔은 천 리라였다. 물가가 크게 올라 요즘은 0.8유로(약 1200원) 정도 한다. 관광지 바가지 까페에서도 에스쁘레쏘라면 2.3유로 정도밖에 안한다. 무슨 말이야? 난 커피 한 잔에 5유로나 냈다고. 이렇게 항의하는 사람도 있을 것이다. 그렇다면 당신은 귀족처럼 테라스에 앉아 우아하게 날라다주는 커피를 마셨을 것이다. 경관 좋은 테이블에 앉는 것과, 바에 서서 마시는 가격이 다르기 때문이다.

관광지에서 커피를 시키면 꼭 붙는 질문이 있다. "반꼬 오 따볼라?" 서서 마실래, 앉아서 마실래 하고 묻는 것이다. 당신이 반꼬(banco)를 선택한다고 치자. 그러면 팔을 비스듬히 반꼬, 다시 말해 커피 바의 기다란 써비스대에 기대어 에스쁘레쏘 향을 슬쩍 맡아본다. 그후 두어 마디쯤 그 커피에 대한 품평을 곁들이면서 홀짝, 마셔없앤다면 당신은 완벽한 이딸리아인이다.

이딸리아에서 커피에 대해 품평하는 것은, 일종의 시민정신이자 어른이 되었다는 표시 같은 거여서 빠뜨릴 수 없다. 그리고 열서너 개쯤 되는 커피 추출구에서 번개 같은 동작으로 커피 십여 잔을 뽑아내는 바리스따의 마술에 경의를 표하는 것을 잊어서는 안된다. 게다가 바리스따가 잊지 않고 당신의 사생활에 개입해주면 마치 오랜 친구처럼 적당히 대꾸해주는 쎈스도 필요하다. 이딸리아에서 동네 바의 바리스따는 곧 변호사요, 죽마고우요, 정신적 오른팔 같은 존재인 까닭이다.

그리고 당신이 이딸리아의 까페에 가면 한국의 자칭 이딸리아식 커피숍에서 마셨던 모든 커피는 잊어버려라. 거기에는 그린티라떼, 카라멜 마끼아또, 푸라푸치노 그란데 따위는 없으니까 말이다. 정신을 차리고 제대로 마끼아또를 시켰다고 해도, 잔을 받아들고 절대 놀라지 마시라. 이딸리아의 마끼아또는 문자 그대로 '마끼아또'(machiato)만 한다. 마끼아또란 '점을 찍다'라는 뜻으로 에스쁘레쏘 커피 위에 딱 점만 찍듯이 우유 거품을 올려준다. 그래서 추가요금을 받는 일도 없다. 에스쁘레쏘 값=마끼아또 값이란 얘기다. 나는 한국의 까페에서 마끼아또와 까뿌치노와 까페라떼의 차이를 도저히 알아낼 재간이 없다. 우유 거품이 잔뜩 올라갔다는 것 말고는 아무런 차이점이 없다. 그리고 제발 부탁건대, 까뿌치노에 계피가루를 멋대로 뿌려주지 마시라. 한약재는 어머니가 억지로 먹이는 보약으로 충분하니까. 이건, 묻지도 않고 찌개에 통깨를 마구 뿌리는 것과 비슷한 행동이다.

다시 경찰서 앞마당. 온갖 새치기 시도를 물리치고, 담당 경찰관이 동료들과 벌이는 토론에 끼여들고 싶은 마음을 억누르다보니 내 차례가 되었다. 나는 어떻게 표정을 지어야 더 믿을 만한, 범죄와는 아무 상관 없는 사람처럼 보일까, 고백건대 비겁하게도 중국인처럼 보이지는 않을까 고민하던 생각을 접었다. 그리고 억지로 웃으며 서류를 들이밀려는 찰나 창구가 덜컹, 하고 닫혔다. 점심시간이란다. 아무리 줄이 불어터진 빠스따 가락처럼 늘어서 있어도 그걸로 끝이다. 점심시간이란 건 곧 오늘 업무가 끝났다는 뜻이기도 했다. 체류허가 심사는 오전에만 하기 때문이다.

설사 로마 공항의 출입국 심사대의 블랙리스트에 오르는 한이 있더라도 쓸 말은 써야겠다. 나는 미켈레인가 뭔가 하는 담당 경찰이 옆구리에 차고 있던 권총을 뽑아서 겨누고 싶은 충동을 느꼈다. 그렇다고 나를 잠재적 경찰 저격범으로 보지는 말아 달라. 그 자리에 있던 누구든 그런 생각을 했을 테니까. 이딸리아나 한국이나 총기 소지가 허용되지 않는 건 순전히 이런 사회 씨스템과 관련이 깊다. 내 얘기를 들어주지 않는 경찰이나 갑자기 내 차 앞으로 깜빡이도 켜지 않고 끼여드는 미친 녀석(이게 여자라면 더 심각해진다)의 옆구리에 기관총을 마구 쏘아댈 사람들이 널렸으니까 말이다. 사실, 출퇴근 시간에 인권을 저당잡히고 지하철을 타는 사람들에게 '여보슈, 화가 난다고 그 소총으로 쏘지는 마슈' 하고 타이르는 건 불가능한 일이 아닐까.

경찰서 창구는 닫혔다. 나는 로켓포나 수류탄을 경찰서에 던지지는 못했다. 남겨진 우리 모두는 내일부터 새로 줄을 서야 한다. 우리나라 은행의 번호표 발행기는 정말이지 인류 최대의 발명품 중 하나다. 10년이 지난 지금, 아직도 이딸리아 경찰서에 자동 번호표 발행기가 없다면 그 이유는 두 가지 중 하나일 것이다. 외국인등록제가 사라져서 필요가 없게 되었거나 사람들이 마법에 걸려 모두 양처럼 유순해졌거나.

나는 터덜터덜 거리를 걸어 어느 까페로 들어갔다. 그러고는 이딸리아인처럼 반꼬에 기대서서 커피를 시켰다. 그리고 이딸리아인처럼 품평을 했다.

"뜨로뽀 아마로!(이 커피, 왜 이리 쓰냐!)"

새벽밥 지어먹고 선 줄인데도 앞에 새까맣게 긴 줄이 보였다.
요즘은 어떤지 몰라도 번호표 발행기 같은 건 애초부터 없었다.
그저 줄을 서서 새치기를 감시해가며 창구의 경찰관이
제발 어제 축구경기 결과에 대해 동료들과 토론하지 않기만을
빌어야 한다. 만약, 그 경기의 두번째 골이 오프싸이드
오심판정 문제가 있어 동료와 격론이라도 벌어진다면,
그 줄은 꼼짝없이 지체와 정체를 반복해야 하기 때문이다.

19
섭씨 50도 씨칠리아에서 통닭구이 되지 않는 법

19
섭씨 50도
씨칠리아에서
통닭구이 되지 않는 법

여름이면 그야말로 씨칠리아는 자글자글 끓는다. 지열은 폭발하듯 타올라서 급기야 섭씨 50도를 돌파한다. 설마, 사람 사는 동네에 50도라니! 온도계가 잘못됐겠지, 하고 동네 친구들에게 물어보면 앗, 문제의 그 요란한 제스처가 시작된다. 눈을 동그랗게 뜨고 어깨를 잔뜩 웅크리고 손가락을 하늘을 향해 쿡쿡 찌르는 그 동작 말이다. 당신이 로마에서 지갑을 소매치기당한 후 경찰에게 호소할 때 그가 보이는 동작과 똑같다. 뜻은 이렇다. '관광객 양반, 그거 별것 아냐…… 로마가 그렇지 뭐. 큰돈 아니면 당신이 참아. 걔들도 먹고살아야지.'

이걸 씨칠리아의 더위에 대입하면 딱 맞아떨어진다.

"어? 그거 별것 아냐…… 씨칠리아 더위가 그렇지 뭐. 죽지 않을 테니 당신이 참아."

유럽 요리사들은 코르크 밑창으로 된 주방화를 즐겨 신는데, 워낙 발이 편하다보니 이걸 신고 동네를 활보하기도 한다. 그런데 이 더위에 아스팔트 위를 걸었다가는 신발 다 망가진다. 코르크에 콜타르가 붙어 난리가 난다. 다행히 이딸리아의 도로는 대부분 돌로 포장돼 있어 그런 일이 자주 일어나는 것은 아니지만 말이다. 사족이지만, 신발이나 옷만 봐도 그 사회의 요리사 대우를 알 수 있다. 한국에 돌아와보니 넝마 수준을 겨우 면한 요리복에 군화보다 못한 엉터리 주방화가 기본이었다. 반면 유럽은 명품 수준의 제품이 흔하다. 하긴 유럽이야 대통령과 연예인, 최고 기업 사장 같은 유력인사들이 훌륭한 요리사를 친구로 둔 걸 자랑하는 사회 아닌가.

본격적인 더위가 시작되면 씨칠리아는 초만원이다. 전 이딸리아는 물론, 유럽과 미국 관광객들이 총출동하기 때문이다. 제주도의 여름을 생각하면 된다. 씨칠리아 해변의 여름별장은 대부분 외지 사람들 소유인데, 영국인과 독일인들이 꽤 많다. 이 사람들이 시내로 몰려나와 고급음식을 자주 찾으므로 식당 역시 수지가 맞는다. 주방이 펄펄 끓어도 이때는 땀을 바가지로 쏟으며 버텨야 한다. 얼마나 땀을 흘렸는지 일을 끝내고 옷을 말려서 털면 소금가루가 툭툭 떨어진다. 에이, 새빨간 거짓말이라고 생각하는 사람도 있을 텐데, 그런 일을 확인하는 건 한국에서도 얼마든지 가능하다. 한국의 주방이라고 시원할 리는 없기 때문이다. 원한다면 연락하시라. 언제든 '체험, 삶의 현장'을 경험시켜줄 수 있으니까.

씨칠리아의 여름은 식당에서 보면 일년을 먹고살 절호의 씨즌이다. 그렇지만 막 더워질 무렵에는 식당도 뜨뜻미지근하게 손님이 적다. 관광객은 아직 밀려들지 않고, 사람들은 더워서 시내에 나다니지 않기 때문이다. 이러면 오븐도 축축 늘어지고, '성깔대사' 주방장 쥬제뻬의 성질도 늘어지고, 손님수도 늘어진다. 게다가 나 같은 쫄병요리사들도 군기가 쏙 빠져 함께 쎄트메뉴로 늘어진다. 아아, 이럴 때는 바다가 딱인데.

씨칠리아에서 바다 타령 하는 건 어울리지 않는다. 널린 게 바다고 드러누우면 해변이니까. 털털거리는 시외버스를 타거나, 아니면 부주방장 뻬뻬의 50cc짜리 베스빠 딸딸이를 얻어타고 횡하니 달리면 바다다. 사실, 나는 그 씨칠리아의 바다를 좋아하지 않았다. 첫째는 둥실 떠오른 보름달처럼 바다는 묘하게 고향을 생각하게 만들었기 때문이다. 그렇다고 내 고향이 바다는 아니다. 다만, 저 바다 수평선 너머에 한국이 있다는 실체적인 존재감이 느껴지는 까닭이었다. 콜럼버스가 아메리카 대륙에서 지긋지긋한 귀환항로를 항해하면서 수평선 너머에 고향이 있다는 확신으로 버텼다는 얘기가 실감났다.

또다른 이유는 '언니들' 때문이었다. 원래 수영복은 두 장이 기본이고, 아니면 아래위로 긴 거 한 장이 정상 아닌가. 그런데 이 동네 여름바다는 걸핏하면 한 장짜리 짧은 것만 챙긴 언니들이 창궐한다. 남자도 아니고, 분명히 아래위 두 장짜리 수영복을 샀을 텐데 말이다. 뭐, 나야 기혼자이니 제법 뻔뻔하게 해변을 둘러보며 여유를 부렸지만 부주방장 뻬뻬는 얼굴이 벌게져서 괜히 켁켁, 헛기침만 해댔다.

요 녀석 뻬뻬는 참 독특한 데가 있는 친구였다. 십대 후반에 이딸리아 요리대회에서 우승한 경력이 있는가 하면 타고난(?) 대마초꾼이어서 주방장의 골칫거리이기도 했다. 게다가 공산당원이었다. 그렇다고 매일 공산당선언을 외우거나 지하동굴에서 비밀회합을 하는 것은 아니었다. 그냥 좌파 밴드의 낡은 테이프를 수없이 돌려 들으며 흥얼거리는 엉뚱한 녀석이었다. 참고로, 이딸리아에는 정치 색깔이 분명한 밴드들이 많다. '북부 사람들한테 세금 뜯어다가 남부 사람들 먹여살리는 로마 중앙정부는 자폭하라'고 주장하는 극우파 밴드도 있고, 그 반대의 경우도 있다. 뻬뻬가 열광하는 밴드는 좌파였는데, 가죽점퍼에 가죽바지, 치렁치렁한 파마머리를 늘어뜨리고 쿵짝 쿵짜작, 연주를 멋들어지게 했다. 아, 물론 가사는 매우 정치적이어서 이게 노래 가사가 되나 싶은 것도 많았다. '엎어버려 저 자본가들. 우리 돈은 어디 간 거야. 하루종일 일해도 수중에 한푼도 없다네.'

하기야 노래가 어디 사랑타령만 있더냐. 일찍이 이딸리아는 정치적인 성격이 분명한 노래들로 한시절을 풍미했다. 파씨스트를 찬양하거나 반대로 공격하는 노래들이 널리 불렸고, 유럽 68세대들의 행진곡으로 불렸던 「꼬만단떼 체 게바라」(체 게바라 장군)도 바로 이딸리아에서 널리 사랑받던 노래였다.

펄펄 끓는 도가니탕 같은 주방을 벗어나 바닷물에 몸을 담그면 어쨌든 시름은 잊을 수 있었다. 주방장 쥬제뻬는 이 대목에서도 요리사 티를 냈다. 갯바위 틈을 뒤져서 게를 한움큼 잡아왔다. 이걸 올리브유에 살살 볶고 파슬리 한줌과 바질을 넣어 빠스따를 볶아 요기를 했다. 아, 바다 냄새!

나는 바다에 둥둥 떠다니는 해초들이 좋았다. 이딸리아 사람들은 해초를 먹지 않는다. 미역 김 우뭇가사리 톳…… 수없이 많은 이름이 있는 한국과 달리 이 나라에선 그냥 '해초'로 통일한다. 따로 학명이나 전문 이름이야 있겠지만 먹는 재료가 아니니 시중에서는 이름 분류가 없다. 말 그대로 해초, 미역도 해초고 김도 해초다. 그 말에는 '먹지 않는다'는 뉘앙스가 강하게 풍긴다.

바닷가 출신이 아니어서 종류를 구분할 수는 없으니, 내게도 그냥 해초였다. 그러나 난 그걸 먹는다는 점이 달랐다. 게다가 자연산 아닌가. 나는 갈색과 자주색, 청색 해초를 대충 한다발 챙겼다. 챙겼다? 참 적당한 말이 없다. 뽑았다, 주웠다, 건졌다,

모았다, 수집했다, 뭐든 어울리는 낱말이 없는 행위였다. 그냥 바다가 주는 거니까 '받았다'고 해야 하나?

그 미역(이라고 추정되는 해초)을 마늘, 바지락과 함께 올리브유에 볶아서 미역국을 끓였다. '씨칠리아 최초의 한국인 요리사, 미역국을 끓이다'였는데 결과는 끔찍했다. 엄마아! 이럴 땐 엄마가 그리운 법이다. 국간장을 살짝 넣고 달달 볶은 쇠고기에 뽀얗게 국물이 우러나는 기장미역으로 끓여낸 내 어린 시절의 생일상이 떠올랐다.

미역국 얘기가 나와서 말인데, 유럽에서 한식당을 제대로 하면 그야말로 '터질' 가능성이 짙다. 먹고살 만한 유럽 사람들은 새로운 음식에 늘 마음이 열려 있다. 한식을 아주 전통적으로 해석해서 제대로 한상 차려내는 것도 좋겠고, 기왕이면 서양식 식탁차림을 이용해서 깔끔하게 풀어내는 것도 좋은 반응이 있을 것 같다. 한국에서 공수한 김으로 김밥을 말아 쥬제뻬를 비롯한 친구들에게 대접했더니 몹시 놀라워했다. 그렇지만 그 이유는 좀 실망스러웠다.

"한국인도 '노리마끼'를 먹나보지?"

한식당이 없는 씨칠리아에서 일본인에게 선수를 빼앗겼다. 이미 쥬제뻬가 어디선가 이 김밥을 먹어봤다. 스시 열풍이 불면서 진즉에 '노리마끼(김말이, 김밥)'도 떡하니 빨레르모에 등장한 것이다. 김밥도 아니고 노리마끼라니, 쳇. 텔레비전 프로그램에도 이딸리아 요리 선생이 등장하여 털이 숭숭한 팔로 앙증맞은 김밥, 아니 노리마끼를 말았다. 이미 대중화의 길을 걷고 있었던 것이다. 가히 스시 카미까제의 유럽 공습이었다.

본격적인 씨즌이 돌아오기 전에 나는 부지런히 먹으며 체력을 비축했다. 주방장 쥬제뻬는 슬슬 빈둥거리는 요리사들을 보며 흐뭇하게 웃고 있었는데, 그 모습은 마치 도축을 앞둔 소를 바라보는 표정이었다. 흐흐, 푹 쉬라구. 여름에 한번 제대로 붙어봐야지, 안 그래?

역시나, 예약전화가 빗발치기 시작했다. 카운터의 웨이터는 아예 전화기를 끼고 살았고, 주방장은 작은 트럭으로 재료를 실어날랐다. 다시 말해서 우리의 여름은 떡이 되었다. 열여섯 시간은 기본적으로 일해야 했다. 그동안 바다는 점점 뜨거워졌다. 오븐도, 빠스따가 펄펄 삶아지고 있는 솥도 뜨거워졌다. 나도 열통이 터지듯 후끈 달아올랐다. 물론 아쉽게도 바닷가의 토플리스 여인들 때문이 아니었다. 순전히 쏟아지는 주문서 때문이었다.

또다른 이유는 '언니들' 때문이었다. 원래 수영복은 두 장이 기본이고,
아니면 아래위로 긴 거 한 장이 정상 아닌가. 그런데 이 동네
여름바다는 걸핏하면 한 장짜리 짧은 것만 챙긴 언니들이 창궐한다.
남자도 아니고, 분명히 아래위 두 장짜리 수영복을 샀을 텐데 말이다.
뭐, 나야 기혼자이니 제법 뻔뻔하게 해변을 둘러보며
여유를 부렸지만 부주방장 뻬뻬는 얼굴이 벌게져서 괜히 켁켁,
헛기침만 해댔다.

20
쥐를 잡아라

나는 또뽈리노,
나도 식당의 주인이랍니다.

20
쥐를
잡아라

주방에서는 늘 사고가 일어난다. 간혹 남녀간의 연애 '사고'도 일어나지만, 그렇게 로맨틱한 사고보다는 거칠고 어이없는 해프닝이 더 많다. 주방은 늘 훈련된 요리사들만 일하는 곳이 아니다. 견습부터 막 초짜 딱지를 뗀 촌뜨기까지 득실거린다. 그래서 하루에도 수십번 크고 작은 사고가 벌어진다.

주방장 쥬제뻬가 근엄한 목소리로 부주방장 뻬뻬에게 지시를 내렸다.

"오늘 정어리튀김 십이인분을 준비하라구. 저녁에 예약이 있어."

기름솥에 가스불을 붙이니 자글자글 기름이 올라온다. 기름이 가열되는 순서가 있다. 100도가 넘으면 기름이 갈라지기 시작한다. 속까지 갈라지면서 기름의 밀도가 꽉차는 듯한 느낌이 오는 순간이 있다. 그때가 튀기기 딱 좋은 180도가 된다. 그러나 지나치게 온도가 올라가면 연기가 치솟고 매캐한 연기가 주방에 가득 찬다. 이런 기름 연기가 요리사들의 폐를 공격한다. 담배 한대 피우지 않는 요리사들조차 폐암 위험이 높은 건 우연이 아니다. 뿐만 아니다. 튀김은 꽤 재미있는 요리지만, 별로 근사하지 않은 오일 마싸지를 공짜로 제공하곤 한다. 좀 튀겼다 하면 머리털이 엉켜서 샴푸 거품이 일지 않을 정도로 빽빽하게 만들고—내 폐도 틀림없이 그렇게 만들고 있을 테지—얼굴은 땀인지 기름인지 내추럴 복합성분의 에쎈스를 바른 듯 미끈거린다. 게다가 튀김들이 다이빙하면서 튕겨내는 포말은 팔뚝에 화상을 입힌다.

쾅! 콰콰콰쾅!

연달아 폭발음이 들렸다. 폭탄이 떨어진 게 틀림없어. 아니면 지진일까? 나는 얼른 오븐 밑으로 숨어들었다. 고개를 들어 내다보니 다른 동료들도 바닥에 엎드려서 머리를 감싸안고 있었다. 아마도 그들은 지진이 난 줄 알았을 것이다. 이곳 씨칠리아는 환태평양지구대, 그러니까 지진 위험지역이기 때문이다. 이 동네도 저 유명한 1908년의 메씨나 대지진 때 인구의 3분의 1이 사망했다고 한다.

주방장 쥬제뻬는 어이가 없는 듯 한 손은 허리에 얹고 한 손으로는 삿대질을 해가며 부주방장을 욕하고 있었다. 알아들을 수 없는 씨칠리아 사투리, 스페인어와 이딸리아어가 뒤섞인 듯한, 저 에뜨나 화산에 사는 염소가 웅얼거리는 소리 같기도 한.

기름비가 쏟아져서 바닥은 온통 미끌거렸다. 나는 재빨리 신문지로 바닥을 닦았다. 부주방장 뻬뻬를 반장으로 한 사고수습반이 즉석에서 꾸려졌다. 사고 원인은 뻔했다. 누군가 기름솥에 와인병을 쏟았거나, 물을 들이부었거나, 하다못해 마시던 주스병이라도 떨어졌을 게다.

어느 패스트푸드점의 아르바이트생이 콜라병을 감자튀김솥에 빠뜨렸을 때도 이런 소리가 났을 것이다. 기름에 수분이 닿으면 큰 소리가 난다. 궁금하면 지금 당장 팬에 기름을 두르고 물을 한방울 떨어뜨려 보시라. '치이~' 하는 튀김소리는 사실 튀김재료의 수분과 기름이 만나서 내는 소리일 뿐이다. 텔레비전 광고에서 주장하는 '맛있는 소리'의 실체……

뻬뻬가 막내 수습요리사를 세워놓고 눈을 부라리며 야단치고 있었다. 으흠, 저 녀석이 사고를 쳤군. 어처구니없게도 녀석이 옮기던 얼음 한 바가지가 기름솥에 떨어졌다. 쾅, 하는 소리와 함께 기름이 치솟아 산성비, 아니 기름비가 쏟아진 거다.

이딸리아의 고급식당 주방엔 늘 수습요리사들이 득실거린다. 짧게는 며칠에서 몇달 단위의 실습생들이 드나들기 때문에 별로 신경을 쓰지 않게 마련인데 이 녀석은 아주 인상적이었다. 외모부터 별났다. 재킷은 너무 커서 마치 침대보를 뒤집어쓴 것 같았고, 바지는 남의 것을 빌려입은 듯 깡총하게 짧았다. 그가 움직이면 죽마를 탄 써커스 단원처럼 불안했다. 걸음걸이만 그런 것이 아니라, 늘 주방을 불안하게 만드는 사고를 쳤다.

며칠간 잠잠하다 싶으면 후속작이 연속 출시된다. 손님이 밀어닥쳐서 너무 바빠 땀으로 소금간을 하는 날이었다. 키가 2미터는 될 듯하고 비쩍 말라서 바삐 걸어가면 높이뛰기용 장대가 도약대 앞 최후의 순간에 휘청거리는 것처럼 보이는 그 시골뜨기 수습요리사 녀석이 연속극을 썼다.

잠낀 화장실에 다녀왔더니 주방 바닥에 온통 미꾸라지를 풀어놓은 듯 꿈틀거리는 것들 — 내 눈에는 정말 그렇게 보였다 — 이 가득 차 있었다. 발 디딜 틈도 없어 보였다. 뿌연 수증기 때문에 앞이 보이지 않아 안경을 벗어 닦았다. 맙소사. 십인분은 족히 될 만한 스빠게띠가, 그 노란색의 지렁이 같은 빠스따가락이 바닥에 내동댕이쳐져 몸부림치고 있었다. '죽마'가 삶은 빠스따를 바삐 프라이팬으로 옮기다가 대형사고를 쳐버린 것이다. 그는 그날 이후 주방에서 볼 수 없었다. 너풀거리는 이불자락 같은 초대형 요리사 재킷은 어디에서 구했을까. 그가 다시 요리를 하고 있을지 궁금해진다.

사고는 꼭 사람만 치는 건 아니다. 사람 사는 곳이라면 어디든 따라다니는 쥐도 시골식당의 주인이다. 적당히 생선내장이나 달걀 따위를 훔쳐먹으며 조신하게 지낸다면, 주방 사람들은 쥐잡기 놀이 같은 데 나설 생각은 눈곱만큼도 없다. 너무도 피곤하고 아파서 겨울 에뜨나 산의 토끼몰이도 사양할 판이니까 말이다. 무리하게 프라이팬을 들어올리다 보면 왼쪽 손목은 거의 피로골절 상태가 되고, 인대가 늘어난다. 늘 서 있는 일이다 보니 지렁이처럼 혈관이 드러나는 정맥류나 무릎 관절염, 허리 디스크가 흔하다. 항상 고개를 꺾어 불판을 내려다보아야 하니 목 디스크도 걸린다.

각설하고, 생쥐 한 마리 때문에 가게가 온통 뒤집어졌다. "꺄악~" 스위스 관광객 가족이 식사하던 원탁에서 비명소리가 터져나왔다. 주방 식구들의 홀대를 참다못한 생쥐가 손님상에 등장하고 만 것이다. 웨이터들이 총출동하여 원탁 옆의 벽으로 생쥐를 몰았다. 구경거리가 생겨 살판이 난 부주방장 뻬뻬와 디저트 담당 잔니도 "또뽈리노!(생쥐!)" 하면서 눈을 생쥐처럼 뜨고 달려나갔다. 나도 넝마 같은 앞치마를 벗고 은근슬쩍 홀로 나갔다. 과연, 저 구석에서 사지에 몰린 생쥐가 반들반들한 눈을 뜨고 측은하게 바르르 떨고 있었다. 주방장 쥬제뻬가 오븐을 청소하는 쇠자루로 재빨리 녀석을 내려쳤다. 꺄악, 다시 비명이 터졌고, 생쥐의 머리가 박살나는가, 했지만 녀석은 필사의 줄행랑을 놓았다. 기다란 꼬리를 흔들며 둔해빠진 잔니의 다리 사이로 유유히 탈출해버린 거였다.

다음날, 쥬제뻬가 이를 부득부득 갈며 쥐덫을 사왔다. 맛있는 치즈 한 토막을 넣고 으슥한 주방 복도에 놓았다. 생쥐는 걸리기만 하면 부위별로 해체될 터였다. 그러나 녀석은 끝내 잡히지 않았다. 약 올리듯 쥐똥을 서너 톨씩 주방 바닥에 질러놓거나, 직원들 라커에 숨어들어 찍찍, 소리를 내기도 했다. 쥐덫에는 마른오징어를 넣어 쥐를 유혹하던 기억이 떠올랐다. 씨칠리아 쥐라고 오징어를 싫어할 리 없었다. 나는 오징어를 말려 쥐덫에 끼웠다. 마른오징어에서 풍기는 강력한 냄새에 다들 코를 싸쥐었다. 하지만 효과는 확실했다. 이틀이 지나자 영어의 몸이 된 생쥐 한 마리를 발견할 수 있었다.

21
포르노
대 소 동

21
포르노 대소동

마을이 온통 술렁거렸다. 수군거리는 소리는 이내 킥킥, 하는 웃음으로 번졌다. 뭐야? 뭔데 그래? 부주방장 뻬뻬가 내 손을 잡고 구석진 자리로 끌고 갔다.

"킥, 지금 마을이 난리야. 씨칠리아 여자가 나오는 영화 때문이지."

아하, 그것 때문이군. 출근길에 벽에 붙은 영화 포스터 앞에 사람들이 모여 있는 걸 봤다. 언뜻 여자의 누드 씰루엣 같았지만, 여자가 벗고 나오는 영화가 뭐 특별히 대단한 것도 아닐 텐데 말이다.

"그게 뭐 어쨌다는 거야. 읍장 딸내미가 벗고라도 나온다는 거야 뭐야."

"바로 그거야. 읍장 딸은 아니지만 씨칠리아 여자라고."

씨칠리아 출신의 B급 배우가 나오는 그렇고 그런 B급 성애영화였다. 그런데 여자가 바로 옆동네 출신이라는 사실 때문에 남자들이 흥분하기 시작했고, 마을에 단 하나뿐인 극장이 후끈 달아올랐던 것이다.

그렇지만 점잖은 체면에 남들 눈치도 봐야 하는 시골사람들이 댓바람으로 극장에 진을 칠 수는 없는 노릇이었다. 그런 사정을 뻔히 아는 극장주는 과감히 주말 심야상영을 걸었다. 인구 3만의 시골마을에서 심야상영이라니. '네 딸년이 벗고 나온다고 생각해봐. 극장으로 발길이 떨어지나.' 노인들은 혀를 쯧쯧 차며 노여워했지만, 밤이 깊어 적당히 프라이버씨를 지킬 분위기가 되자 극장 앞은 사람들로 북적거렸다. 뻬뻬와 잔니를 비롯한 우리 주방 남자들도 마지막 디저트 주문을 처리하자마자 50cc짜리 베스빠 딸딸이를 타고 '치네마'(Cinema), 그러니까 극장으로 총출동했다. 평소 같으면 요란한 이딸리아식 허그로 껴안고 입맞추고 난리가 날 사람들이 그날밤만큼은 침묵과 외면으로 일관했다. 프란체스꼬, 니꼴로, 마르꼬, 루까…… 오직 마을 남자들만의 은밀한 오락은 침을 꼴깍 삼키는 기대감에 차 개봉박두의 심야로 달려가게 했다. 침 삼키는 소리를 은폐하려는 고의적인 헛기침과 노골적인 휘파람이 난무하던 영화 도입부의 시간이 흐르자, 언제 씨칠리아 여자가 벗고 나오는지 다들 기대감으로 들떴다.

영화는 정말 한심했다. '늑대여인'이라는 제목대로 여자가 밤만 되면 늑대로 변해서 치솟는 성욕을 이기지 못하고 남자를 사냥한다는 줄거리였다. 어디선가 본 듯한 영화 「늑대인간」의 포르노 버전인 셈이었다. 뻬뻬와 잔니는 일면식도 없지만 '옆동네 여자'라는 이유만으로 영화에 넋을 빼고 있었다. 시간이 흐를수록 자리를 뜨는 사람들이 늘었다. 어쨌거나 씨칠리아 여자, 옆동네 여자가 나온다고 한들 영화가 재미있어야 사람을 붙들어둘 텐데 말이다. 괜히 쓸데없이 클로즈업을 남발하면서 젖가슴을 화면 가득 채우는 만행도 서슴지 않는 연출력도 형편없었지만, 가짜 털을 대충 숭숭 붙인 늑대여인의 누드가 섹시하기나 했겠냔 말이다.

기대의 휘파람은 야유의 애드리브로 바뀌었다. 뻬뻬와 잔니도 대충 자리를 떠서 늦은 피자 한 판에 맥주나 마시려는 눈치였다. 피자가게 '라 꼰떼아'에는 극장에서 보았던 남정네들이 어느새 기어나와 진을 치고 있었다. 뻬뻬의 친동생 엔리꼬가 날라다주는 생맥주 맛은 기가 막혔다.

피자를 먹고 돌아가는 길에 영화 포스터가 눈에 들어왔다. 포스터에 적힌 '뽀르노그라피꼬 레알레!'(Pornografico Reale, 진짜 포르노 필름)라는 홍보 문구 옆에 누군가 스프레이 페인트로 야유를 날려놓았다. "쎄 에 뽀르노, 친꿰첸또 에 페라리!"(SE E' PORNO, 500 E' FERRARI, 이게 포르노면 친꿰첸또가 페라리다!)

친꿰첸또는 한때 유명했던 이딸리아의 국민차다. 뭐, 어지간한 오토바이보다 배기량이 적으니 기름 냄새만 맡아도 굴러가는 진정한 경차라고 할 수 있다. 오래된 차가 아무리 많은 이딸리아라고 해도 이제 이 차를 거리에서 보기란 하늘의 별 따기다. 혹시라도 목격한다면 기꺼이 경의를 표하시라. 배기량 500cc짜리 차를 본다는 건 보통 진기한 일이 아니니까.

22
뽀모도로, 토마토쏘스를 끓이다

22
뽀모도로, 토마토쏘스를 끓이다

뽀모도로, 즉 토마토가 발갛게 잘 익으면 이딸리아 농가에서는 토마토쏘스를 끓인다. 이걸 병조림하거나 냉장해두고 일년 내내 먹곤 했다. 한국에 장 담그는 가정이 거의 없어졌듯, 이딸리아도 토마토쏘스를 직접 만드는 경우는 이제 찾아보기 힘들다. 깡통의 쏘스에 몇가지 가정식 가미를 할 뿐이다.

쥬제뻬는 여전히 토마토쏘스를 끓이는 몇 안되는 주방장이었다. 토마토가 잼처럼 농밀하게 익는 6월이면 쥬제뻬는 차를 끌고 시골농장으로 갔다. 뜨거운 씨칠리아 태양을 받아 단내를 푹푹 풍기는 잘 익은 토마토를 상자째 사가지고 왔다. 한국에서 요리사 생활을 하며 "왜 생토마토를 사서 쏘스를 끓이면 맛이 없나요"라는 질문을 종종 받는다. 그럴 수밖에. 토마토가 밭에서 익지 않고, 이동하는 트럭 안에서, 가게의 진열대에서 익기 때문이다. 순수한 태양에 터질 듯이 농익을 때까지 기다렸다가는 토마토가 운송중에 다 망가지므로 별수 없는 노릇이다. 이딸리아는 건조한 날씨인데다가 토마토 품질을 많이 따지기 때문에 한결 낫지만, 푸른 토마토를 따는 건 사정이 비슷하다. 깜빠냐, 씨칠리아 같은 토마토 산지에서 이딸리아 전국으로 떠나면서 천천히 트럭 안에서 익어간다. 그래서 쥬제뻬는 아는 농장 주인에게 직접 토마토를 샀다.

"진짜 요리사가 되려면 시장과 들판을 알아야 해. 오징어와 참치가 언제 올라오는지, 토마토가 가장 잘 익는 때가 언제인지 알아야 하지. 식당에 앉아 전화통 붙잡고 손가락만 써서는 절대 좋은 재료를 구할 수 없다구. 좋은 재료는 요리의 전부야."

농장 주인은 벌이 날아와 즙을 빨아먹도록 토마토를 내버려뒀다. 과일 축에도 못 드는 토마토가 얼마나 달면 벌이 다 달려들겠는가, 감탄이 절로 나왔다. 좋은 토마토쏘스를 끓이려면 잔손이 많이 간다. 끓는 소금물에 토마토를 던져넣어 껍질을 벗겨야 한다. 즉시 건져내어 얼음물에 시원하게 샤워를 시켜준다(내 몸도 못 씻었다구!). 그걸 등을 따서 씨를 훑어내고 과육만 곱게 갈았다.

"마늘을 쓰면 절대 안돼. 마늘은 쓴맛을 낸다고. 붉은 양파

한줌이면 돼."

　질 좋은 올리브유를 연기 나도록 데운 뒤 다진 양파를 넣었다. 치익, 양파가 익으면서 달큰한 냄새가 났다. 옛날, 엄마가 카레를 볶을 때 나던 냄새! 쥬제뻬는 양파가 타도록 내버려두었다. 그래야 진한 맛이 난다고 했다. 그러고는 토마토 과육 간 것을 넣었다. 바닥에서 지글거리던 올리브유가 과즙을 뚫고 커다란 냄비 위로 슉슉, 솟아올랐다. 진하고 고소하며 새콤한 냄새, 공장 토마토쏘스에선 맡을 수 없는 향기였다. 집집마다 메주 쑤던 냄새가 사라지고 공장 된장이 식탁을 점령하면서 우리 입이 망가졌듯이, 이딸리아도 가정식 토마토쏘스와 이별을 고하는 중이었다.

　"공장 토마토쏘스는 미국 케첩보다 나은 게 없어. 이름만 이딸리아제지. 그런 걸 만드는 골 빈 놈들부터 쥐어박아야 해."

　쥬제뻬는 좀 흥분했다. 정말 그놈들을 쥐어박을 듯이 주먹을 휘둘렀다. 그러다가 "맘마 미아!" 하고 소리를 지르더니 두 손바닥을 마주 붙였다. 그러고는 앞뒤로 흔들었다. 2002년 월드컵 16강전에서 이딸리아의 또띠가 퇴장명령을 받고 주심에게 흔들던 제스처가 딱 그거였다. 그새 토마토쏘스는 더 맹렬하게 탄 냄새를 피워올렸다. 일단 불부터 줄이고 보시라고요, 주방장님!

　토마토쏘스는 아주 낮은 불로 뭉근하게 오래 끓여야 한다. 오래 끓일수록 맛이 좋아진다. 토마토의 독성, 신맛, 쓴맛이 다 빠져나가야 한다. 토마토가 유럽에 처음 전해졌을 때, 그 붉은 빛깔과 형상 때문에 악마의 열매라고 천대받은 적이 있다. 사실, 토마토는 독성이 꽤 있는 식물이다. 덜 익은 걸 함부로 먹으면 배앓이를 하며, 어설프게 끓인 쏘스는 혀끝이 아려서 금방 알 수 있다.

토마토쏘스가 다 끓으면 다시 이걸로 라구(Ragù)를 끓인다. 프랑스어나 이딸리아어나 똑같이 '라구'라고 부르는 이 토마토 미트쏘스는 식당과 가정의 숨겨진 장맛 같은 거여서 나름 비결들이 많다. 그래봐야 야채 부스러기, 닭이나 오리 간, 돼지피, 수구레, 소등골, 말린 버섯 찌꺼기 따위의 잡동사니가 대부분이다. 낡은 구리솥에서 마귀할멈의 수프처럼 끓는 그 쏘스는 지옥도처럼 보였다. 거무튀튀하면서도 구수해서 침을 흘리게 하는 진짜 미트쏘스는 그야말로 아수라도로 이루어진다는 걸 알았다. 손님상에 점잖게 올려 '씨칠리아식 라구쏘스의 딸리아뗄레'라는 이름으로 10유로씩이나 받아먹는 그 쏘스의 정체는 그랬다.

"일종의 카오스지. 세상에 버릴 건 없어. 뽄도브루노(pondo bruno, 송아지뼈쏘스, 프랑스의 퐁 드 보 fond de veau를 말함)나 라구나 온갖 잡것이 들어가야 제맛이지. 세상에 버릴 건 없어."

정말 벗겨낸 양파껍질, 서양배추 꽁다리나 아스파라거스 껍질, 감자껍질, 토끼의 간과 머리, 발목, 새끼양의 등뼈, 돼지꼬리가 모두 쏘스에 들어갔다. 마치 오래 묵힌 된장찌개가 풍기는 그 진한 풍미를 닮은 라구쏘스의 맛은 그렇게 완성되어갔다. 내가 딴짓 하느라 쏘스 끓이는 불 줄이는 걸 깜빡하고 있었다.

"로베르또오! 당장 쏘스 불 줄이지 못해? 연애랑 쏘스는 천천히 해야 제맛이라고."

씨칠리아 같은 토마토 산지에서 이딸리아 전국으로 떠나면서
천천히 트럭 안에서 익어간다. 그래서 쥬제뻬는 아는
농장 주인에게 직접 토마토를 샀다.
"진짜 요리사가 되려면 시장과 들판을 알아야 해.
오징어와 참치가 언제 올라오는지, 토마토가 가장 잘 익는 때가
언제인지 알아야 하지. 식당에 앉아 전화통 붙잡고 손가락만 써서는
절대 좋은 재료를 구할 수 없다구. 좋은 재료는 요리의 전부야."

23
미슐랭
별을
따볼까나

23
미슐랭
별을
따볼까나

 주방장 쥬제뻬가 집게손가락을 세워 입술에 붙였다. 인류 공통의 바디랭귀지, '쉿!'이다.

 "무슨 일이야?"

 주방 식구들이 하나둘 모여들었다. 쥬제뻬는 말없이 전표를 가리켰다. 전표의 주문은 달랑 일인분이었다. 주방 창문을 통해 홀을 내다봤다. 홀에 혼자 앉아 엄숙한 표정으로 식사하고 있는 젊은 남자가 눈에 들어왔다.

 "죠르날리스따!"(giornalista!)

 부주방장 뻬뻬가 소리쳤다. 쥬제뻬가 두 손바닥을 맞세우고 코앞에 붙인 후 연방 흔들어댔다. '제발 좀 조용히 해'라는 뜻이다.

감베로 로쏘? 미슐랭? 어디서 온 걸까. 이딸리아에서 식당 비평을 하는 매체나 기관만 십여 곳이다. 음식권위자들이 적어도 두 번은 몰래 방문해서 살짝 맛을 보고 간 후 냉정하게 평가해서 등급을 매긴다,고 착각하기 쉽지만 그렇지는 않다. 중요한 식당이나 그런 대접을 받는다. 그러니 암행감사(?) 같은 건 드물다. 워낙 깡촌인데다가 '모두가 형제'인 이딸리아에서 비밀리에 뭘 시험한다는 건 생리에 맞지 않는 일인지도 모르겠다. 그러니 전화 한 통화면 알 수 있는 음식 가격도 틀리고, 주 메뉴도 3년 전 것이 버젓이 기록되어 있는 거다. 하긴, 이런 일이 이딸리아에서만 일어나는 건 아니다. 최근에 미국의 유명 음식·와인 전문잡지가 큰 망신을 당했다. 한 음식평론가가 있지도 않은 가공 식당의 심사요청서를 그 잡지에 제출했다. 잡지에서 직접 가본 양 버젓이 소개 기사를 올렸다. 그 기사가 얼마나 낯 뜨거웠을까 상상해보라. 아마도 이런 글이 실렸겠지.

"친절하게 웃는 써비스가 인상적이며, 유명 화가의 그림이 걸려 있는 홀은 압도적…… 음식은 창의성이 넘치며 마치 마띠스가 접시 위에 재림한 것처럼 폭발적인 에너지가 넘친다."

흑, 상상만 해도 얼굴이 화끈거리는군.

그뿐만 아니다. 수준 낮은 기자들이 유명 음식평론가 행세를 해서 웃기는 일도 생긴다. 시장에서 사온 훈제상어를 놓고 "아아, 이런 훈제 조리법은 그야말로 유니크하다"고 읊어대거나, 초짜가 잘못 담아서 엉성해진 접시를 두곤 이렇게 읊조렸다.

"일부러 투박하게 담은 빠스따 접시는 소박한 씨칠리아 시골 식당의 영혼이 느껴진다……"

뿐이랴. 싱거우면 '건강요리'고 짜면 '토속요리'다. 고기가 질기면 '싱싱'한 거고, 오래된 고기는 '잘 숙성된' 거다. 장식이 별로 없고 양념이 약하면 '재료 본래의 맛을 강조'한 거고, 그 반대면 '재료 본래의 성격을 확 바꿔버리는 창의성'이 있는 거다. 맛이 없으면 '써비스가 좋아서 음식맛 따윈 잊게 만든다'고 하고, 써비스가 개판이면 '그래도 음식맛은 좋다'고 한다. 비싼 수입 식자재를 가져다쓰면 '어렵게 수배하여 공수한 재료'가 있는 거고, 대충 동네에서 나는 재료만 가지고 만들면 '재료의 현지화와 로컬푸드의 실현'이다. 10년이 지나도 메뉴판을 바꾸지 않는 게으른 요리사도 '십년 세월을 한결같이 지키는 고집스러운 장인정신'이 되는 게 다 쓰기 나름이고 풀기 나름인 이 바닥의 식당비평이다.

각설하고, 식당에 앉아 있는 그 의문의 인물은 누가 봐도 기자처럼 행세했다. 검은 테 안경을 쓰고 조용히 혼자 앉아서 뭔가를 끼적거리며 식사하고 있으니 말이다. 주방은 바짝 긴장했다. 그는 심지어 다른 계절의 음식 가격대는 어떻게 되는지, 바깡스 씨즌에는 두어 달쯤 문을 닫는지 등등 꼬치꼬치 물어댔다. 쥬제뻬는 이마에 땀을 뻘뻘 흘리며 그의 질문에 촌스러운 사투리로 대답했다. 쥬제뻬는 눈치있는 양반이었다. 씨칠리아 식당이면 씨칠리아답게 사투리도 좀 날려주고 그래야 '토속적인 분위기 물씬, 어쩌구' 하는 기사가 나갈 거라는 걸 그는 알고 있었다.

"바깡스에도 저희들은 쉬지 않습니다요, 손님! 음식은 맘에 드셨는지 모르겠습니다요, 손님! ……손님! ……손님!"

쥬제뻬는 빠스따가 혹시 덜 익거나 너무 익었는지 접시가 나가기 전에 일일이 먹어봤다. 그러면서 양미간을 찌푸렸다. '너희들, 이따위 음식이 나가서 기자가 별을 안 주면 다 죽을 줄 알아!' 하는 표정이었다. 그는 뇨끼(작은 감자떡)의 개수도 세어보고, 토끼허릿살의 옆구리가 터져 속이 삐져나오지 않는지 꼼꼼히 점검했다. 수라상이 나가기 전의 대령숙수처럼 굴었다. 뭐, 그래봐야 씨칠리아 시골식당의 소박한 음식이었을 뿐인데, 쥬제뻬는 자못 진지했다.

우리는 잠시 그 '기자'와 '별'을 잊고 일했다. 새로운 손님들이 들이닥쳤기 때문이다. 주방문이 조용히 열리더니 쥬제뻬가 등장했다. 다들, 잊고 있던 기자를 떠올렸다. 과연 별을 줄 것인가? 쥬제뻬의 표정을 살폈다.

"뭐? 아하, 그 친구? 기자 아니라네. 다음달 결혼피로연을 예약할까 미리 구경하러 들렀다는군."

쥬제뻬는 자신이 요란을 떤 것이 무안했던 거지, 마치 두어주 전에 빨레르모에서 복덕방 하는 사촌이 방문했던 일을 복기하듯 일부러 심드렁하게 대꾸했다. 주방 식구들은 고장난 찜통처럼 김이 팍 샜다.

'파또리아 델레 또리'라는 긴 이름의 우리 식당은 『미슐랭 가이드』 이딸리아판과 이딸리아 최고 권위의 『감베로 로쏘』지에서 대충 별 하나 저 밑의 등급인 포크 한두 개는 받는다. 오해는 마시라. 그나마 이 포크 한두 개 받는 것도 쉬운 일이 아니다. 포크 하나만 달아도 '아주 괜찮은 식당이며 음식맛이 좋다'는 뜻이기 때문이다. 유럽의 식당평가는 단순히 음식의 맛만 가지고 별을 줬다 뺏었다 하진 않는다. 음식, 써비스, 와인, 인테리어 등 여러 항목으로 나눠 평가한다. 음식 항목만 봐도 복잡하기 짝이 없다. 전통적인 가치와 창의성을 두루 높게 보며, 재료의 특이성도 주요 항목이다. 그래서 재료의 분자적 해체와 조합을 통해 전혀 새로운 모양과 맛을 강조하는 분자요리가 나오고, 요리사들은 별을 받을 수 있다면 바다에서 고래 태반을 구해오거나 자신의 허벅지라도 베어 구워내고 싶어하는 것이다.

우스운 얘기지만, 십수년 전에 별을 받았던 서양의 유명 셰프들 중 상당수가 동양적 재료를 찾아 눈을 벌겋게 뜨고 다녔다. 워낙 빤한 서양 재료를 넘어서려는 눈물겨운 노력이었다. 그래서 참깨와 참기름, 기꼬만 간장, 미소된장이 등장했다(홍어 삭힌 건 어떨까). '창의성'을 만족시켜줄 최고의 재료였던 것이다.

그래서 한때 이들은 동양을 여행하며 영감을 얻곤 했다. 이런 동양 식재료에 서양의 고급 입맛들은 열광했다. 대항해시대 이전, 인도에서 넘어온 후추와 향신료가 서양요리를 바꾸었다면 그 후계자는 극동의 양념이었다. 이런 분위기 때문에 쥬제뻬는 '매일 간장과 된장을 먹었던' 내게 큰 호기심을 가졌다. 오오, 그 신비의 재료를 일상으로 먹었던 이 사내는 누군가? 내가 엉터리 이딸리아어로 장 담그는 얘길 구수하게 된장처럼 풀면, 그는 눈을 동그랗게 뜨고 집중하곤 했다. 특히 간장과 된장이 원래 한식구라는 사실—혹시 무슨 말인지 모르는 이를 위해 간장은 된장을 우러내어 만든다고 설명해준다—에 무릎을 치며 감탄했다.

어쨌든 쥬제뻬는 아직 별을 받지 못했다. 별 따윈 필요없어, 라고 말하지만 그는 분명히 별을 받고 싶어한다. 그렇지 않다면, 이미 별을 받은 그의 후배들(하나같이 번쩍번쩍하는 유명 셰프다)에게 요리를 한수 지도했다는 걸 내게 강조할 리는 없을 거다. 별을 가르치고 있으니 당신은 자연히 왕별인 걸까.

그는 늦게 요리를 시작했다. 원래는 또스까나의 명문 삐사 대학 고고인류학과에서 박사과정을 밟고 있었다. 그런데 고향 씨칠리아에서 식당을 하던 어머니가 갑자기 돌아가시자, 그는 그 자리를 맡아야 했다. 늦게 요리를 했지만 그는 천재적인 능력을 발휘했다. 씨칠리아 깡촌 식당을 이나마 고급식당으로 일구고 유수의 언론에 찬사를 받게 된 건 순전히 그의 능력이었다. 그가 이젠 세계적으로 알려진 슬로우푸드의 씨칠리아협회 창립자라는 건 그의 빛나는 신념의 한 단면을 벼려서 보여주는 것이다.

싱거우면 '건강요리'고 짜면 '토속요리'다.
고기가 질기면 '싱싱'한 거고, 오래된 고기는 '잘 숙성된' 거다.
장식이 별로 없고 양념이 약하면 '재료 본래의 맛을 강조'한 거고,
그 반대면 '재료 본래의 성격을 확 바꿔버리는 창의성'이 있는 거다.
맛이 없으면 '써비스가 좋아서 음식맛 따윈 잊게 만든다'고 하고,
써비스가 개판이면 '그래도 음식맛은 좋다'고 한다.

24
미슐랭이냐
'붉은새우'냐

24
미슐랭이냐
'붉은새우'냐

부주방장 뻬뻬는 제법 디저트도 잘 만드는 '선수'였다. 어린 나이였지만 못하는 요리가 없었다. 유수의 요리대회에서 일등상도 곧잘 받았다. 특히 디저트 만드는 감각이 뛰어났다. 녀석이 대마초만 많이 피우지 않았어도 지금쯤『감베로 로쏘』에서 평가하는 좋은 식당의 요리사 자리는 떼어놓은 당상이라고 주방장 쥬제뻬가 한탄하는 걸 보면, 장래가 유망했던 모양이다. 감베로 로쏘는 말하자면, 이딸리아의『미슐랭 가이드』이다. 이딸리아판 미슐랭도 나오지만, 요리사들은 은근히 '토종' 식당평가서인 감베로 로쏘를 더 쳐준다. 그렇지만 미슐랭의 국제적 명성이 장화처럼 기다란 반도, 즉 이딸리아를 점령해들어가고 있다.

쥬제뻬는 미슐랭 애기만 나오면 코웃음을 쳤다. 아, 물론 반쯤 벗어진 이마에 잔뜩 주름을 잡고 얼굴은 토마토처럼 상기되어서 말이다.

"맘마 미아! 미슐랭은 온통 실내장식이 비싼 거든지, 아니면 다 빈치의 그림이라도 걸려 있어야 별을 준다고. 게다가 그 웃기는 리스트 좀 봐. 온통 호텔식당들이잖아. 바보 같은 미국 부자들이나 들락거리는 호텔 말이야."

물론 진짜 다 빈치 그림이 걸릴 리는 만무했다. 그야말로 쥬제뻬가 보기에 음식보다 치장에 더 신경쓰는 식당을 비꼬는 말이었다. 쥬제뻬는, 이딸리아 식당이란 산골이나 해안가 구석에 있어서 펄펄 뛰는 생선이나 갓 캐낸 버섯 따위로 요리해야 진짜라고 믿는 남자였다. 그런 그가 허세 강한 호텔식당에 높은 점수를 주는 미슐랭을 비웃는 건 당연했다. 실제로 이딸리아 국적(?)의 식당평가서는 시골의 전통적인 식당에 높은 점수를 주고, 도시의 '되바라진' 식당엔 짜게 굴었다. 그는 세련된 호텔식당의 그 멋들어진 프레젠테이션(접시에 예쁘게 담는 기술)을 아주 심하게 씹어댔다.

"내가 그 식당 주방에 안 들어가본 줄 알아? 온통 장식과 쏘스, 쏘스, 쏘스……(그는 이 대목에서 살짝 치를 떨었다). 그게 무슨 이딸리아 식당이야? 프렌치 흉내나 내는 한심한 작태지.

그 쏘스와 장식물을 언제 만들었는지 기억들도 못할 거라구. 상해서 냄새날 때까지 써댈 거야."(그런 쥬제뻬가 장식용 가니시로 쓰는 대파튀김을 일주일이고, 이주일이고 주야장천 쓰는 건 괜찮은 걸까?)

그는 아무 생각 없이 음식에 마구 쏘스를 치는 걸 아주 싫어했다. 쏘스는 프랑스 것이지, 이딸리아와는 별 상관이 없다고 주장했다. 재료에 자신이 없으면 쏘스로 까므쁠라주(위장)하는 거라고 핏대를 세웠다. 요리보다 쏘스가 더 많이 나오는 미국 요리를 보면 그는 헛구역질을 했다. 그러면서 '접시는 캔버스가 아니야!'라고 외쳤다. 접시는 요리를 담아야지 그림을 그리는 게 아니라는 뜻이었다.

그런 그를 최대한 모욕하는 건 '두 가지 쏘스를 뿌린' 운운하는 요리였다. 하나도 아니고 두 가지라니! 요리가 주인공이냐 쏘스가 주인공이냐, 쥬제뻬는 고개를 절레절레 흔들었다.

그러나 밀라노 같은 도시의 멋쟁이 식당에서는 이미 이런 요리가 등장했다는 걸 그는 몰랐다. 식후에 내는 작은 과자를 이딸리아식으로 삐꼴라 빠스띠체리아라고 부르지 않고 '쁘띠 푸르'(petits four)라고 명명하는 것도 밀라노 스타일이었다. 심지어 식당 이름도 그럴듯하게 프랑스어로 짓는 게 그 동네의 유행이었다.

쥬제뻬가 알았다면, 이딸리아의 영혼을 팔아먹는 나쁜 놈들이라고 성토하고도 남았을 거다. 마치 1970년대에 로마의 스페인계단 앞에 문을 연 맥도널드 앞에서 데모하던 이딸리아 사람들처럼 말이다. 그 데모대는 나중에 유명한 슬로우푸드협회를 창립하고, 세계적인 운동단체가 됐다. 재미있는 건, 쥬제뻬 역시 이 단체의 아주 중요한 회원, 아니 씨칠리아 지부의 창립자가 바로 그였다. 슬로우푸드협회 회장인 좌파운동가 까를로 뻬뜨리니가 그의 친구다.

뭐, 이렇게 쥬제뻬가 흥분하면서 마치 그 옛날 스페인계단 앞 데모대로 환생하는 순간에는 그저 고개를 주억거려주어야 한다. 눈치없는 뻬뻬처럼 대꾸하다간 그저 지청구만 먹게 된다.

"아니, 주방장님(물론 이딸리아에 이런 호칭은 없다. 그저 '쥬제뻬'라고 부를 뿐). 접시를 예쁘게 담는 게 뭐가 나빠요? 그런 솜씨가 먹히는 게 요즘 밀라노고 로마란 말입니다. 매일 토속요리만 하다가는 손님도 오지 않을 거예요."

쥬제뻬는 신발을 벗어 내동댕이치며 소리를 질렀다. 아예 주방복의 첫번째 단추를 끄른 상태였다. 너, 한판 해보자는 거야? 울화가 치밀어 목울대가 불끈했다.

"너나 평생 접시에 그림이나 그리고 살아라, 이놈아."

한바탕 소동이 벌어지고, 나는 주방 도우미 루치아 아줌마랑 슬슬 눈치를 보며 담배나 나누어 피우다가 실없이 파 따위를 다듬어야 했다.

이딸리아도 프랑스처럼(이젠 토오꾜오까지도!) 식당들이 권위있는 평가서의 점수에 목을 맨다. 미슐랭이 대표적인 외국계 평가서이고, 이딸리아 토종으로는 수많은 매체가 춘추전국시대를 이루는 가운데 감베로 로쏘가 가장 앞서간다.

여기에서 조금 헷갈리는 일이 생긴다. 토종인 감베로 로쏘는 최고 등급이 포크 세 개다. 반면, 미슐랭은 별이다. 특히 미슐랭에서는 별 다음 등급이 포크다. 이러니 헷갈리기 딱 좋다. 그냥 어느 식당이 포크 세 개라고 할 때는 감베로 로쏘 기준으로는 최고지만, 미슐랭으로 보면 별을 받기엔 모자란, 그저 좋은 식당 정도다.

이런 체계도 쥬제뻬는 못마땅해했다. 이딸리아 최고 식당이 포크 세 개를 받아봤자 미슐랭 기준으로는 삼류식당밖에 안된다는 얘기잖아.

어쨌든 미슐랭에서 포크의 의미는 별은 아니지만 그래도 소개해도 될 만큼 상당한 수준의 음식을 한다는 표시였다. 결코 삼류를 뜻하지는 않았다. 포크가 하나라도 붙으면 써비스나 와인 리스트, 인테리어 디자인은 별로지만 맛 하나는 보증한다는 의미이기도 했다. 식당이란 결국 맛이 가장 중요한 것이니까.

미슐랭은 쥬제뻬의 식당에 포크 한 개나 두 개를 줬다. 게다가 언제 다녀갔는지, 하도 오래된 까닭에 가격 업데이트도 안되어 있었다. 이래저래 쥬제뻬의 불만을 살 만한 일이었다. 미슐랭이 씨칠리아 깡촌 식당에 공을 들일 리 없었던 것 같다. 미슐랭이 오는지 마는지도 모르는 판국에도 감베로 로쏘나 이딸리아 토종 평가서는 우리의 위대한 쥬제뻬의 식당에 늘 괜찮은 점수를 줬다. 그래서인지 쥬제뻬는 미슐랭보다 감베로 로쏘를 더 좋아하고 신뢰했지만 이미 대세는 미슐랭으로 넘어가는 판이었다.

현재 이딸리아에서는 미슐랭이 더 상업적인 성공을 거두고 있다. 이딸리아 고급식당에 와서 돈을 쓰는 사람들은 아무래도 외국인들이고, 그들은 영어로 된 이딸리아판 미슐랭 가이드를 표준으로 삼는다. 이름도 어려운 감베로 로쏘(붉은새우)가 뭐야?

그래서 전통식당이 아니라면, 대도시의 고급식당들은 미슐랭의 평가를 더 내세운다. 설사 미슐랭의 평가가 더 낮더라도 그렇다. 예를 들어, 미슐랭에서는 별 둘이고 감베로 로쏘에서는 포크 세 개(최고 등급)라면 그들은 별 둘이라는 사실을 더 밝히고 싶어한다. 그렇게 한다고 해서 자기 식당이 빠리의 별 둘짜리 식당과 어깨를 나란히하는 것도 아닐 텐데. 쥬제뻬로선 맥도널드가 아니라 미슐랭 쓰리스타 레스또랑 앞에서 데모를 해야 할지도 모르는 상황이 벌어지고 있다.

25
푸아그라는
참아줘요

25
푸아그라는
참아줘요

쥬제뻬가 오후가 되어도 식당에 나타나지 않으면 주방식구들은 불안에 빠진다. 그의 낡은 르노 다목적 차에서 요리사들 목을 조르는 원수 같은 식재료들이 쏟아지기 때문이다. 바닷가든, 산이든, 들이든 그는 차를 몰고 삿대질을 해가며 물건들을 낚아챈다. 특히 값이 유별나게 싸거나 질이 최고라는 소문이 돌면 그는 동네 반장처럼 어김없이 등장해서 난장판을 만들어버린다.

"어이, 뻬데리꼬! 그 재료 딴놈 주면 나 거래 끊을 거야. 네 녀석 어려울 때 팔아준 사람이 누구냐고!"

그러고는 다른 집에 배달하려고 잘 꾸려둔 물건을 홱 집어서 자기 차에 실어버린다. 그리고 옆자리에 동승한 내게 말한다.

"뻬데리꼬란 녀석은 물건값을 얼마나 바가지 씌우는지 이 동네에 소문이 짜하다구. 저 엿 같은 보따리에 든 걸 잘 살펴봐. 조금이라도 물이 안 좋으면 물러야 하니까."

특유의 제스처는 빼놓지 않는다. 핸들을 쥔 왼손을 연방 움직이며, 오른손으로 기어를 바꿔넣으면서 그 순간 재빨리 제스처를 한다. 손바닥을 펴서 하늘과 땅을 향해 뒤집어 보이는 제스처인데, 이건 '아주 형편없어, 빌어먹을'이라는 뜻이다. 앞서 이딸리아식 제스처에 대해 쓴 적이 있는데, 이게 정말 가관이다. 이딸리아 사람이 운전하는 차 뒷좌석에 미인이 앉아 있으면 사고가 날 확률이 아주 높다. 눈은 전방이 아니라, 고개를 돌려 미인을 바라보면서 두 손은 연방 제스처를 해야 하는 까닭이다. 간혹 핸들을 잡기는 하는데, 이건 차가 절벽이나 길가로 처박히기 직전에 겨우 한번쯤 해줄 뿐이다.

쥬제뻬가 물건을 고르는 방법은 아주 특이하다. 이번 경우처럼 다른 사람에게 갈 재료를 뺏기도 하고, 어디서 생산량 초과로 고민하는 게 있으면 헐값에 잔뜩 사들여서 저장해두고 쓰기도 한다. 아, 물론 이걸 밤새 다듬어야 하는 건 요리사들의 몫이다. 3박 4일 동안 대충 눈 붙이며 버섯을 다듬었던 끔찍한 기억도 있다. 버섯이 싱싱할 때 다듬어야 향을 보존한 채로 냉동해서 쓸 수 있기 때문이다.

해물업자를 다루는 방법은 정말 유니크하다. 씨칠리아 깡촌인 이 마을에는 해물집이 여럿 있는데, 그는 주로 한 집만 이용했다. 그런데 꼭 다른 집을 먼저 들른다. 그래서 요즘 뭐가 좋은지, 값이 싼지 미리 다 파악을 해두는 것이다. 사지도 않으면서 괜히 나를 대동하곤 거들먹거리며 정문의 구슬차양을 들치며 들어선다.

"어이, 친구. 요새 경기는 좋은가? 아, 이 친구를 소개하지. 한국에서 온 양반이야. 우리집에서 요리사 견습을 하고 있다네."

그다음에 진짜로 물건을 살 친구네 집으로 발길을 돌린다. 설사 친구라도 미리 시장 상황을 알아두지 않으면 바가지를 쓸 수 있다는 게 쥬제뻬의 생각이었다. 하긴, 맞는 말이다. 장사꾼 말을 믿는 건 바보짓이니까.

언젠가 해물집 주인은 내게 '박두이크를 아느냐?'고 물었다. 박두이크? 아하 박두익. 이딸리아 사람들의 구강구조는 모든 자음의 끝을 정확하게 읽는다. 그래서 한국에 온 이딸리아인 친구는 인사동을 '인사돈그'라고 읽었다. 인사동의 영문표기는 'Insadong'이니까.

어쨌든, 주인은 남이냐 북이냐 차이를 모를뿐더러 1966년 영국 월드컵에서 이딸리아를 무너뜨린 주인공 박두익이야말로 너희 민족의 영웅 아니겠느냐는 투로 내게 동의를 구했다. 으흠,

박두익은 정말 대단하지 않았느냐는 제스처로 말이다. 물론 나는 어렴풋이 이름이야 알고 있었지만 1966년의 그 영국에서 있었던 전설적인 사건을 꿰고 있지는 못했다.

주인은 재빨리 박두익의 황금 슛 동작을 선보였다. 생선 앞치마를 펄럭이며 미끄러운 장화발로 그는 쥬제뻬와 나를 날렵하게 제치곤, 이딸리아팀을 로마 공항에서 썩은 토마토 세례에 빠뜨렸던 박두익의 슛을 재현했다. 하지만 그가 그 경기를 제대로 기억하는 것 같지는 않았다. 주방장 쥬제뻬가 기억력을 되살려 복기를 해줬으니까.

"아냐, 아냐. 박두익은 헤딩으로 골을 넣었지. 띠로 디 떼스따(헤딩슛)!"

벗어진 이마로 박두익의 헤딩을 실감나게 재현하느라 쥬제뻬의 이마에 땀이 송송 맺혔다. 주인은 마치 이딸리아팀 수비수라도 되는 양 쥬제뻬 옆에 바짝 붙어서 조연 노릇을 훌륭히 수행했다. 척척 맞는 2인극을 보며 나는 좀 당황했다. 박두익을 잘 몰랐기 때문이다. 뭘 좀 알아야 헤딩 장면을 교정해주거나 현장감을 드높이는 이딸리아팀 수비수 역으로라도 등장했을 텐데.

주인은 길게 탄식했다. 당시 30년도 더 지난 세월을 그는 마치 어제 일처럼 기억했다. 아아, 내가 2002년에 거기 없었던 건 정말 다행이다. 그랬다면, 그 주인뿐만 아니라 모든 마을 사람들이 나를 붙잡고 안정환의 백헤딩슛을 복기해보라고 달달 볶

앉을지도 모를 일이니까. 아니, 또띠를 퇴장시킨 모레노 주심에 대한 저주를 내게 퍼부었을 것이다. 실제 나는 그 경기 이후 이딸리아 친구들의 국제전화를 받고 가슴을 쓸어내린 적이 있다. 그들조차 '모레노를 너희들이 매수했지?'라며 나를 추궁했기 때문이다.

해물집 주인이 1966년의 추억에 빠져 있을 때 쥬제뻬는 얼른 정신을 차리고 물건 꾸러미를 어깨에 들쳐멨다. 그가 해물업자 페데리꼬에게서 산 건 뜻밖에도 바다 물건이 아니라 달팽이였다. 들판에 풀을 길러 하우스를 씌우면 달팽이 양식장이 되는데, 통통하고 비린 맛이 없는 고소한 달팽이였다. 흔히 달팽이는 프랑스 요리의 재료인 줄만 안다. 천만의 말씀이다. 이딸리아에서도 이걸 데치고 찌고 삶고 구워서 온갖 요리를 만든다. 레드와인과 버섯을 곁들여서 프랑스 부르고뉴식 요리를 하는가 하면, 삶아서 이딸리아식 만두 라비올리에 넣기도 한다. 다만 몇가지 손질이 필요하다. 그저 커다란 항아리에 넣어 뚜껑을 닫아두는 일이 먼저다. 그러면 달팽이들이 굶어서 몸 안의 불순물을 토해낸다. 이 냄새가 보통 아니어서 항아리 뚜껑을 여는 순간 코를 잡아쥐어야 한다. 뚜껑을 열 때는 조심해야 하는데, 달팽이들이 대탈출을 감행하느라 모두 뚜껑 밑에 달라붙어 있기 때문이다. 뚜껑이 생각보다 무겁게 느껴지지만, 하루이틀 지나면 점점 가벼워진다. 기운이 빠진 녀석들이 모두 항아리 바닥으로 낙하하기 때문이다.

그러면 쥬제뻬는 이걸 깨끗한 물에 담가 헹군 다음 화이트와인과 바질, 길가에서 꺾어온 야생 허브를 듬뿍 넣어 팔팔 끓인다. 삶은 달팽이는 식힌 후 모든 요리사들이 달라붙어 살을 발라낸다. 자그마한 달팽이 몸에서 살을 발라내는 일은 보통 고역이 아니다. 가는 핀으로 살을 찍어내어 내장을 버린 후 오일에 담가 저장한다. 한국인 손끝 야문 것이 이 순간 빛을 발한다. 요리 경력도 없는 내가 달팽이만큼은 가장 빨리 살을 발라낸다.

발라낸 살은 갓 짜낸 올리브유에 볶고 삶은 야채를 넣어 만두를 빚는다. 종종 이딸리아에선 요리 이름이 길어진다. 이런저런 재료의 이력과 조리법을 밝히는 게 기본인 까닭이다. 바로 이런 식이다.

―에뜨나 산 기슭에서 자란 달팽이 살을 발라 직접 기른 양배추와 함께 최상급의 올리브유에 볶아 소를 채운 라비올리.

여기다 한줄 더 써넣을 수도 있다.

―주방장 친구네 가게에서 직접 받아다 요리사들을 들들 볶아 살을 발라내게 한 뒤 만들어서 맛이 더 좋다구요.

이딸리아에서 고급식당과 대중식당을 구분하는 법 중 하나가 메뉴판 살펴보기다. 고급식당일수록 하염없이 길다. '~으로 맛을 낸 ~을 ~하게 요리하여 ~을 곁들인 ~'라고 쓴다. 사실, 막상 접시를 보면 대단한 것도 아닌데 말이다.

쥬제뻬는 특별한 재료를 가져다쓰는 걸 아주 좋아했다. 특히, 자기가 직접 재배나 사육, 사냥에 관여한 걸 최고로 쳤고 적어도 자기가 믿을 만한 친구에게서 사들인 걸 자랑스러워했다. 산에서 잡은 토끼라도 들여온 날이면 그는 얼굴이 벌겋게 달아오를 정도로 흥분했다. 요리사들이 토끼의 연약한 허릿살을 찢어놓지나 않을까 노심초사하면서 연방 잔소리를 해댔다.

"허릿살에 구멍을 내는 놈이 있으면 그놈 허리도 구멍이 날 줄 알아. 이게 어떻게 구한 토끼인 줄 모른단 말이야?"

온갖 신기한 재료를 쓰면서도 그가 쓰지 않는 게 딱 두 가지 있었다. 철갑상어알인 캐비아와 오리간 푸아그라였다. 캐비아는 비싸기도 했지만, 불법 어획되거나 양식된 것이 많아서 제품을 믿을 수 없다는 이유였고, 오리간 푸아그라는 다들 알다시피 사육과정의 윤리적 문제를 거론했다.

"밀라노나 또리노 녀석들이 돈 많은 영국놈이나 미국놈들에게 아부하느라 푸아그라를 요리하는 걸 나도 잘 알지. 그건 이딸리아가 아니라고. 프렌치 요리를 하다니, 맙소사!"

원래 옛날부터 이딸리아도 푸아그라를 먹었다. 게다가 프랑스와 국경을 맞대고 있는 삐에몬떼 지방의 또리노나 최고급 식당이 몰려 있는 밀라노에서 푸아그라가 많이 등장하는 건 어쩌면 자연스러운 일이었다. 그러나 프랑스처럼 푸아그라가 흔하지 않았고, 고급요리라며 함부로 푸아그라를 쓰는 문화를 그는 못마땅하게 했다. 푸아그라보다 훨씬 개성있고 이딸리아다운 재료가 많은데 굳이 푸아그라를 쓸 필요가 있는지 의문을 가졌다.

쥬제뻬는 내게 '푸아그라를 어떻게 만드는지 알아? 내가 알려주지.' 하면서 얼굴이 벌겋게 달아올랐다. 아주 불만스러운 상황에 그가 흥분했다는 증거였다. 나는 슬슬 몸을 뺄 준비를 했다. 그가 휘두르는 팔에 맞을지도 모르기 때문이었다.

쥬제뻬는 입을 크게 벌린 후 자신의 주먹을 억지로 목구멍으로 집어넣는 시늉을 했다. 너무 진지하게 연기를 한 탓인지 구역질이 나는 듯 눈물까지 살짝 비쳤다. 이마에 땀이 송알송알 맺혔다.

"이렇게, 이렇게…… 옥수수를 강제로 먹인다고. 아, 물론 마이스 아메리까노(mais americano), 미제 옥수수야. 이걸 억지로 먹는 오리는 구역질이 나서 눈물을 질질 흘리지. 그건 고문이야. (내가 고문이란 말을 알아듣지 못하자 채찍으로 뭔가를 두들겨패는 시늉을 곁들이며) 알겠어? 고문이라고."

그의 얘기처럼 모든 거위나 오리가 미제 옥수수를 먹는 건 아니었다. 그러나 그는 거위나 오리가 왜 억지로 옥수수를 먹어야 하는지 이해할 수 없다고 했다. 그 녀석들은 하루에 두 번씩 한 바가지나 되는 옥수수를 먹는다. 아니, 먹임을 당한다. 입을 다물지 못하게 파이프를 박고 거기에 옥수수를 쏟아넣는다. 그렇게 지나치게 음식을 많이 먹어 지방간이 생긴 오리를 꼼짝 못하게 좁은 곳에 가둔다. 운동을 하면 간이 줄어들고 건강을 '회복'할 수 있기 때문에 사육업자들은 녀석들을 지속적인 환자 상태로 유지해야 한다. 그렇게 하면 불과 작은 고구마만하던 거위나 오리의 간이 돼지간처럼 부풀어오른다.

"닭이나 오리나 덩치가 비슷하지. 로베르토! 닭간 크기를 알아? 너무 작아서 잘 보이지도 않는다고."

그랬다. 당신도 닭백숙을 먹을 때 닭간을 금세 찾아내지 못했을 게다. 엄지손톱만한 게 달려 있을 뿐이니까 말이다. 오리라고 다를 바 없다. 원래는 그저 닭의 두어 배 크기니까.

"오리간도 닭간보다 별로 크지 않아. 그만한 걸 육백 그램이 넘게 만들려면 사람이 오리에게 무슨 짓을 해야 하지?"

그는 정말 끔찍한 광경을 목격하듯 처절한 표정연기를 곁들였다. 그가 성당에서 예수상에 기도하던 표정보다 훨씬 리얼해서 나는 오금이 저렸다.

그의 종교적이기까지 한 푸아그라 혐오는 내게도 크게 영향을 미쳤다. 나도 푸아그라를 요리하지 않는다. 닭이나 아귀, 돼지와 소의 간도 충분히 맛있게 요리할 수 있기도 하거니와, 쥬제뻬가 주먹을 자신의 입에 밀어넣으며 흘린 눈물 한방울이 자꾸 떠오르기 때문이다.

쥬제뻬가 애지중지하는 낡은 오븐에서 토끼고기 익는 냄새가 고소하게 올라왔다. 그걸 보는 부주방장 뻬뻬는 진땀을 흘리고 있었다. 나는 그가 토끼 허리에 붙은 갈비뼈를 통째로 발라내다가 슬쩍 '펑크'낸 걸 목격했다. 그는 내게 눈을 찡긋, 하곤 다릿살을 얇게 저며 그 구멍을 막았다. 일종의 외과수술을 한 셈이었다. 주방장 모르게 그 토끼가 얌전하게 손님상에 나갈 수 있을지 자못 귀추가 주목되었다.

채소와 양념으로 속을 채운 토끼는 실로 단단히 묶여 있어 외과수술의 흔적은 보이지 않았다. 그러나 그걸 풀어서 두툼하게 저며야 접시에 담을 수 있다. 주방장 쥬제뻬는 오븐에서 꺼낸 토끼고기의 실을 풀고 날카로운 슬라이스 나이프를 꺼내들었다. 토끼를 저미던 그는 공포영화 주인공처럼 뻬뻬를 향해 고개를 슬쩍 돌렸다. 번쩍이는 칼을 들고 기묘한 웃음을 흘리는 대머리 주방장의 모습은 은근히 무서웠다. 뻬뻬는 사색이 되어 어깨를 동그랗게 오므리고 주방 구석으로 물러섰다. 어깨를 오므리면, '아, 뭘 그런 걸 갖고 그래' 내지는 '참, 이 상황 면구스럽구먼' 정도의 제스처였다. 쥬제뻬가 들릴 듯 말듯 짧게 한마디 내뱉었다.

"브라보!"

'잘했어'라는 뜻이지만, 이런 상황에서 쓰면 '자~알 했어' 정도의 비꼬는 말이 된다. 허, 이딸리아어와 한국어의 공통점이었다. 영어에도 이런 뉘앙스가 있을 것이다.

뻬뻬는 짐짓 바쁜 척 고개를 돌려 괜히 익지도 않은 라비올리를 뒤적거리며 딴청을 부렸다. 마침 쥬제뻬가 '쌀사!(쏘스!)'라고 외친 건 그에게 복음이었다. 뻬뻬는 얼른 쌀사를 쏘스팬에서 데워 그에게 바쳤다. 그는 쏘스를 뿌리며 뻬뻬의 허리를 슬쩍 더듬었다. 뭐, 이만하면 그 '수술' 건을 덮겠다는 표현이었다. 홍당무처럼 발갛던 뻬뻬의 얼굴도 밝아졌다. 그날밤, 뻬뻬는 안하던 짓을 했다.

"다들 피자나 먹으러 갑시다. 빠고 이오(내가 쏠게)."

앞서 이딸리아식 제스처에 대해 쓴 적이 있는데, 이게 정말 가관이다. 이딸리아 사람이 운전하는 차 뒷좌석에 미인이 앉아 있으면 사고가 날 확률이 아주 높다. 눈은 전방이 아니라, 고개를 돌려 미인을 바라보면서 두 손은 연방 제스처를 해야 하는 까닭이다. 간혹 핸들을 잡기는 하는데, 이건 차가 절벽이나 길가로 처박히기 직전에 겨우 한번쯤 해줄 뿐이다.

26
마리아 아줌마의 법력

26
마리아
아줌마의
법력

쉬는 날이면 나는 주방장 쥬제뻬네 집에 얹혀서 객식구 노릇을 한다. 혼자 전갈 나오는 자취방에서 구르느니, 얻어먹을 거 없어도 쥬제뻬네 가는 게 낫기 때문이다. 초등학교 교사인, 쥬제뻬의 아내 마리아 아줌마는 그야말로 동네에서 '씸빠띠까'하다고 소문난 여자다. 깊은 갈색 눈의 그녀는 남에 대한 배려가 깊고 마음 씀씀이가 너그러웠다. 이딸리아에서 '씸빠띠꼬(까)'하다는 건 사람이 지혜롭고 평판 좋다는 뜻으로, 모두들 좋아한다는 얘기다.

마리아 아줌마는, 귀족 가문이지만 돈은 없는 쥬제뻬 가문에 시집와서 고생도 많았다. 한동안은 바닷가에 피자집을 차려놓

지중해 태양의 요리사 241

고 한여름 휴가도 반납한 채 피자를 구워 팔고 생맥주를 나르며 갖은 고생을 했다. 쥬제뻬가 시내 중심에 번듯하고 유서 깊은 소극장 건물을 세내어 고급식당을 차릴 수 있었던 것도 마리아 아줌마의 공이 컸다.

쥬제뻬네 놀러 가면 어린 두 딸의 재롱도 보고 재미있지만, 식사시간은 썩 유쾌하지 않았다. 쥬제뻬네 냉장고를 열어봐야 엉뚱한 재료들만 가득했기 때문이다. 된장 간장 쌀…… 도 닦는 선승에게나 딱 어울릴 만한 식재료밖에 없었다. 애들 먹일 우유와 비스킷(이딸리아에서 비스킷은 과자가 아니라 식사 대용이다)이 고작이었다. 마리아 아줌마는 동양에서 온 내게 끊임없이 물었다.

"된장은 어떻게 먹지? 빵에 발라먹나?(실제로 그이는 빵에 된장 발라먹는 걸 즐긴다) 국을 끓인다고? 으흠…… 간장은 어떻게 만드는 거야? 된장과 간장이 원래 같은 거라고? 아니, 어떻게 이게 같다는 거지?"

요리견습생 주제에 내가 이 허허벌판 씨칠리아에서 가르칠 일도 있구나, 내심 기꺼운 일이었다. 나는 안되는 이딸리아어로 한국의 음식재료와 식문화를 설명하느라 애를 썼다.

그이는 팔뚝에 늘 팔찌를 하고 있는데, 처음엔 가톨릭 신자들이 차는 묵주인 줄 알았다. 알고 보니 염주였다. 그이는 총신도가 딱 열 명인 이 시골도시의 불교신자 대표였다. 동양의 이단

종교가 어색한 남편들이 눈을 부라리며 종교박해를 거듭해도, 순교자적 태도로 마리아 아줌마 집에 모여 비밀회합을 가졌다. 내가 자칭 '부디스따(불교신자)'라는 걸 알고부터는 마리아 아줌마가 날 보는 눈이 달라졌다. 뭐, 법어(法語) 같은 거라도 한 번 내려달라는 건가, 나는 난감했다. 군대시절, 초코파이나 얻어먹을 겸, 고참들 등쌀도 좀 피할 겸 얼치기로 절에 다녔던 게 다였을 뿐인데 말이다. 그래도 반야심경이나 천수경의 도입부 딱 두어 줄이라도 외울 줄 안다는 게 마리아 아줌마에게는 종주국의 선승 같았을 거다.

씨칠리아 동네 애들한테 마마 호환보다 무서운 건 뭘까. 한 번은 마리아 아줌마와 함께 학교에 갔다. 재학생의 어린 동생들이나 학부형들이 아무런 제지를 받지 않고 자연스럽게 학교에 드나드는 걸 보니 마음이 푸근해졌다. 우리 옛 시골학교 같은 분위기다. 하긴, 이 동네 사람들은 촌지라는 걸 태생적으로 모르니 '학부형 출입금지' 같은 어이없는 수작을 할 필요도 없겠지, 뭐.

아직 미취학인, 재학생 동생이 코를 흘리며 대충 뒷자리에 앉아서 장난질을 치는, 딱 시골분교 같은 소박한 느낌이 정말 좋았다. 요즘 세상에선 상상도 못할 일이다.

나도 졸지에 무슨 학부형 꼴이 되어 초등 1학년 담임인 마리아 아줌마의 수업을 참관했다. 마침 그 수업은 '재난 대피훈련'

이었다. 말하자면 민방위훈련 같은 거였는데, 이게 씨칠리아만의 독특한 훈련이었다. 아이들은 마리아의 명령에 따라 일제히 탁자 밑으로 몸을 숨겼다. 그러고는 줄을 지어 복도로 나와 벽에 바짝 붙어서서 조금씩 이동하는 연습을 했다.

숨바꼭질처럼 즐거운 소동이었지만, 마리아는 꽤나 호되게 주문을 했다. 그러고 보니, 복도에도 커다란 안내판에 재난 대피 요령이 그려져 있었다. 그랬다. 씨칠리아는 지진의 땅이었다. 마리아가 한숨을 쉬며 말했다.

"씨칠리아는 지진이 잦아. 이 도시도 옛날에 몽땅 무너져서 인구의 삼분의 일이 죽었어. 만명 이상이 죽었다오. 그 때문에 새로운 건축물이 들어섰고, 우습게도 새로운 건축양식의 보물단지가 됐지."

그 건축양식이란 바로 바로끄풍이다. 바로끄 사조는 17세기에서 18세기에 걸쳐 유럽을 풍미했다. 고대 로마와 그리스, 르네쌍스나 고딕 양식이 일반적인 이딸리아 건축양식에서 바로끄식 건축물은 독특한 양식으로 주목받았다. 씨칠리아가 바로끄 양식의 살아 있는 현장이 된 데는 이런 아픈 사연이 숨어 있었다. 물론 그이와 쥬제뻬의 선조들도 그 대참사에서 살아남지 못했을 것이다.

나는 간혹 지진의 충격에 흔들리곤 했다. 이상하게도 지진은 꼭 밤에만 왔다. 침대에서 떨어지거나, 지진에 놀라 학교에서 대피하는 초등학생이 되어 복도를 줄달음치는 꿈을 꾸면 영락없이 '무언가'가 있었던 거다. 다음날, 식당에 출근하면 '떼레모또(지진)' 이야기가 나왔다. 부주방장 뻬뻬는 지난밤의 지진을 아주 실감나게 증언했다. 그는 지진으로 흔들리던 책상이나 침대 따위의 모습을 절묘하게 묘사했다. 입을 내밀고 얼굴을 좌우로 흔든 다음, 양볼에 힘껏 바람을 넣었다가 빼면서 푸르르, 하는 소리를 냈다. 이건 '정말 괴로워'라는 제스처이자, 흔들리는 탁자를 생생하게 표현하는 방법이었다.

그 녀석 옆에 있으면 당장 지진이 일어날 것 같은 기분이 들어 온몸이 으스스해졌다. 뻬뻬는 자칭 지진예보관이었다. 공터에 쥐가 부산스럽게 움직이면, '흠, 또 지진이 날 모양이구만' 하고 지껄여서 사람들을 떨게 만들었다. 중세 사람처럼 그는 자연현상으로 종종 점을 쳤다. 별 희한한 점도 다 치곤 했는데, 스빠게띠 한 봉지를 뜯어 마지막 남은 스빠게띠가 딱 1인분에 맞게 떨어지면 다음날 장사 대박이 난다는 식의 예언이었다. 그게 맞았는지는 잘 모르겠다.

씨칠리아는 늘 엄청난 지진이 일어나는 터키와 이란 지역과 같은 지구대에 속해 있다. 끊임없이 일어나는 지진으로 모든 것을 잃지만, 그래도 꿋꿋하게 다시 일어서서 새로운 삶을 살아가는 씨칠리아인이 사뭇 존경스럽지 않은가. 그네들의 낙천적인 태도도 아마 이런 자연조건에서 온 것일 테지.

내가 자칭 '부디스따(불교신자)'라는 걸 알고부터는
마리아 아줌마가 날 보는 눈이 달라졌다.
뭐, 법어(法語) 같은 거라도 한번 내려달라는 건가, 나는 난감했다.
군대시절, 초코파이나 얻어먹을 겸, 고참들 등쌀도 좀 피할 겸
얼치기로 절에 다녔던 게 다였을 뿐인데 말이다.
그래도 반야심경이나 천수경의 도입부 딱 두어 줄이라도 외울 줄
안다는 게 마리아 아줌마에게는 종주국의 선승 같았을 거다.

27
한국 사람은 밥심으로 산다네

27

한국 사람은
밥심으로
산다네

지진 소동을 겪으며 반 씨칠리아인이 되어가는 것 같아도, 밥 문제는 늘 나를 괴롭혔다. 기름진 음식은 아니지만, 그래도 서양 음식이라 늘 니글니글하고 속이 불편했다. 몸이 아프기라도 하면 뭔가 화끈한 게 더 당겼다. 고추장 불고기나 매운 닭발 같은 게 먹고 싶어 눈물이 날 지경이었다. 서울에서 친구가 부쳐준 고추장은 있지만 이걸로 해갈이 될 리 없었다. 시장에서 파란 고추가 눈에 들어왔다. 아, 글쎄 상인 말씀이 '삐깐떼!'란다. 맵다는 뜻이다. 이게 웬 떡이람.

씨칠리아도 매운 고추를 먹는다. 그러나 우리처럼 사철 매운 고추가 나는 게 아니라, 8, 9월에만 반짝 파란 고추가 등장한다.

이것도 잘 사야 한다. 어떤 건 전혀 맵지 않고 피망처럼 달콤하기 때문이다. 매운 건 정말 정신이 확 들게 매운데 이걸 사서 장아찌를 담글 요량이었다. 어림짐작으로 물에 소금을 풀고 고추를 담갔다. 사나흘이면 절여지겠지. 그러나 오산이었다. 보름이 가도 한달이 가도 고추는 생오이처럼 아삭아삭하기만 할 뿐, 좀체 절여질 낌새가 없었다. 씨칠리아 고추는 과육이 매우 단단한데 그저 소금물에 담가두었으니 절여질 리 만무했다. 고추에 소금을 잔뜩 뿌려서 절여야 한다는 걸 천생 책상물림이던 내가 알 리 없었다. 결국 서울의 어머니에게 국제전화로 SOS를 치고 나서야 원하던 매운 고추맛을 볼 수 있었다.

고추뿐 아니다. 한국식 식재료라고 할 만한 건 뭐든 혈안이 되어 찾는 습성이 생겼다. 초고추장은 없지만, 종종 회맛을 보는 건 어렵지 않았다. 널린 게 생참치인데다 값도 쌌다. 심지어 최고의 횟감으로 치는 가마살(머리 아래쪽의 기름진 배 부위)은 요리하기 까다롭다고 잘라서 버리는 걸 공짜로 얻는 행운도 있었다. 참치를 부위별로 해체하지 않는 이딸리아는 한국 회꾼들에겐 천국이다. 뱃살만 잘라달라고 해도 똑같은 가격이다. 오히려 '뭐에 쓰려나?' 하는 황당한 시선을 받게 된다. 뭐, 대충 설명하시라. 날로 먹는다는 얘기 대신, '미 삐아체 스시(난 스시를 좋아하거든)' 하면 다 알아듣는다. 슬프게도 이딸리아 사람들은 한국인도 일본인처럼 스시만 먹는 줄 안다.

정육점으로 발길을 돌려보자. 한국에선 제주에서나 맛볼 수 있는 기막히게 맛있는 말고기도 쉽게 구한다. 말고기는 원래 이딸리아와 프랑스 같은 데서 즐기는데, 한창 광우병이 돌던 십여 년 전에는 더 흔했다. 말고기는 왠지 질길 것 같지만 천만의 말씀이다. 입에 넣으면 그냥 스르륵 녹아버릴 정도다. 부드럽다고 하는 소안심은 저리 가라다. 다만 특유의 노린내가 있어서 문제지만.

한때 고기를 즐기던 내가 가장 좋아한 건 정육점의 돼지갈비나 소갈비였다. 우리나라 귀하게 치지 이게 세계적으로 싼 부위다. 그네들 기준으로는 먹잘 게 없고 뼈가 많으니 살코기의 반값도 안된다. 삼겹살 역시 마찬가지다. 이건 갈비보다 더 싸다. 갈비는 살코기 비슷한 대우는 받는데, 삼겹살은 그냥 '기름'이기 때문이다. 기름을 고깃값 주고 사먹는 걸 그네들은 이해하지 못한다. 그래서 유럽산 삼겹살이 한국에 많이 들어온다.

다만, 이런 지천으로 널린 질 좋고 값싼 식재료를 가지고 변변히 요리해 먹어볼 엄두도 내지 못했다는 게 아쉬울 따름이다. 하루종일 식당에서 시달리고 뭔 힘으로 밥을 해먹을 수 있었겠는가. 주방장 쥬제뻬가 지르던 고함이 지금도 귓가에 맴돈다.

"로베르또오! 저 생선 언제 다 손질할 거야? 빠스따는 다 밀었나? 뇨끼 반죽은? 또또또……"

아, 좀 쉬면서 합시다, 주방장님!

참치를 부위별로 해체하지 않는 이딸리아는 한국 회꾼들에겐 천국이다.
뱃살만 잘라달라고 해도 똑같은 가격이다.
오히려 '뭐에 쓰려나?' 하는 황당한 시선을 받게 된다.
뭐, 대충 설명하시라. 날로 먹는다는 얘기 대신,
'미 삐아체 스시(난 스시를 좋아하거든)' 하면 다 알아듣는다.
슬프게도 이딸리아 사람들은 한국인도 일본인처럼 스시만 먹는 줄 안다.

28
삐삐,
'뽀 모 도 로'는
잘돼가?

28
삐삐,
'뽀모도로'는
잘돼가?

　　부주방장 삐삐는 적당히 쥬제뻬의 눈치를 봐가며 상황을 수습했다. 그의 성질을 더 긁어봐야 좋은 소리가 나올 리 만무했다. 그러고는 내게 귓속말을 소곤거렸다.

　"라 뻬르골라에 원서를 넣었어. 난 곧 이 식당을 뜰 거야. 두고 보라구. 우린 이제 로마에서 만나게 될 거야."

　'라 뻬르골라'(La Pergola)는 로마에 있는 최고급 호텔 힐튼 까발리에리 소속의 이딸리아 레스또랑 이름이었다. 이 식당은 미슐랭 별 셋을 받았는데, 삐삐는 거기서 일하고 싶어했다. 전 세계를 통틀어 쓰리스타 레스또랑은 매년 쉰 곳이 되지 않았다.

　최고급 호텔, 미슐랭 쓰리스타, 대도시 로마…… 쥬제뻬가 가장 싫어하는 조건을 두루 갖춘 식당이었다. 그렇지만 어린 부주방장 뻬뻬는 꿈을 꾸었다. 씨칠리아 깡촌을 탈출하려면 그 수밖에 없기도 했다. 물론 그의 원서는 라 뻬르골라 주방장의 손에 닿지 않았다. 전화가 걸려오지 않았으니까.

뻬뻬의 주특기는 디저트였다. 소박하고 토속적인 디저트를 좋아하는 쥬제뻬와는 달리, 그는 화려한 디저트를 만들려 했다. 물론 그 시도는 번번이 무산됐다. 쥬제뻬가 화려하고 요란한 디저트는 프랑스식이라고 주장했기 때문이다. 사실, 현대 이딸리아 고급식당에서 파는 디저트는 프랑스식 모방이 대세였다. 뻬뻬는 그럴 때마다 '그게 뭔 상관이냐'고 입을 삐쭉거렸지만, 주방장은 쥬제뻬였다. 주방에서는 주방장이 황제다. 돼지 목을 칼로 딸지, 맨손으로 비틀지 오직 주방장만 결정할 수 있다. 주방장이 아무리 맘에 들지 않아도 마음대로 다른 요리를 할 권리가 없다. 절이 싫으면 중이 떠나야지.

쥬제뻬는 요란하게 만드는 디저트를 금지시켰다. 사실 따지고 보면 인건비를 절감하려는 의도였을지도 모른다. 과정과 재료가 복잡해지면 인건비가 당연히 올라가게 마련이니까.

녀석은 별로 일이 없으면 디저트를 만들었다. 가끔 나를 골탕 먹여가면서 말이다. 한번은 그가 팬에 설탕을 넣고 지글지글 끓였다. 달콤하고 매캐한 연기가 올라오면서 설탕은 죽처럼 녹아들어갔다. 그 끈적한 설탕 용해물은 시간이 흐르면서 시시각각 다른 질감으로 변했다. 설탕이 녹으면 형태와 질감이 다른 물질이 된다는 사실을 안 것은 디저트의 혁명이었다. 설탕이 없으면 디저트도 없다.

설탕이 갈색으로 녹고 반투명한 조청처럼 찐득하게 녹아붙으면 뻬뻬는 집게손가락을 들어 그 용광로 같은 설탕죽에 쑤욱 넣었다가 뺐다. 보통사람이 펄펄 끓는 설탕곤죽에 손가락을 담갔다간 지문이 홀랑 벗겨질 만큼 화상을 입는다. 그런데 뻬뻬는 마치 마술을 부리듯 손가락이 멀쩡했다. 그는 손가락을 흐르는 물에 대고 식혀 설탕이 유리공예품처럼 되는 걸 보여줬다. 그러고는 내게 실습을 권했다. 아무렴, 까짓것, 하지 말라고 해도 한다.

"아이쿠!"

나는 비명을 질렀다. 집게손가락에 붙은 설탕이 맹렬하게 타올랐다. 흰 연기가 손가락에서 피어올랐다. 수돗물에 손가락을 담갔지만, 설탕은 이미 단단히 달라붙어 있었다. 식어서 다시 고체가 된 설탕을 떼어내자 손가락의 지문까지 뜯겨나갔다. 나는 고통을 참으며 속으로 외쳤다. 어, 이거 장난이 아닌데?

녀석의 마술은 별게 아니었다. 비밀은 얼음물이었다. 뜨거운 설탕에 손가락을 담그기 전, 얼음물에 미리 담가 감각이 없어질 정도로 냉각시키는 게 요령이었다. 그 방법은 원래 초짜요리사를 골탕먹이는 쇼가 아니라 진정한 기술이었다. 프랑스 현대요리의 아버지라고 불리는 앙또냉 까렘이 개발했다고 전한다. 뻬뻬는 화려한 설탕공예 예술가이기도 했다. 그렇지만 라 뻬르골라에도 갈 일이 없으니 그 실력을 어디에 써먹누. 결국 그는 근처 공립병원 주방에서 방위병으로 군복무를 마치고는 '뽀모도로'라는 괴상한 이름의 식당을 차려 독립했다.

29
요리학교 시절

우리들의 아름다웠던 요리학교 시절들

쿵짝쿵짝
레게 타임

29
요리학교
시절

비행기를 갈아타고, 이딸리아 북부 시골의 요리학원인지 학교인지에 어찌어찌 도착한 건 1998년 초여름이었다. 그날 한숨도 자지 못한 건, 시차보다도 내 인생을 '리셋'한다는 두려움이 더 컸기 때문이었다.

놀라운 건 새벽에 도착해서 잠들었다 깨어난 그날 아침에 곧바로 수업이 시작됐다는 사실이다. 요리모자를 멋들어지게 쓰고 노익장을 과시하는 요리사 선생이 첫 수업에 나섰다. 실습실에서는 묘한 냄새가 났다. 마늘과 생고기 냄새를 합쳐놓은 듯한, 거기에 나중에 알게 되지만 바질과 로즈마리, 타임 같은 허브다발 냄새가 뒤섞인 기묘한 냄새였다. 실습실 탁자 바닥 틈에

고여 있는, 아마도 수없이 난도질당했을 동물의 피에서 비롯된 헤모글로빈 냄새도 났던 것 같다.

이딸리아 요리라고는 가짜 미국식 피자에 말도 안되는 일본식 빠스따 가락이나 겨우 보았던 내게 오리지널 이딸리아 요리는 충격이었다. 빠스따 한 그릇을 볶아도 엄청난 양의 올리브유를 팬에 둘렀다. 한국에선 비싸서 당시엔 웬만한 고급식당 아니면 구입하지도 않던 올리브유를 말이다. 또 올리브유라면 다 똑같이 취급받는 한국과 달리, 지방별로 품종별로 가격대별로 수백, 수천 종의 올리브유를 요리에 맞춰 쓰고 있었다. 토마토는 또 어땠는가. 역시 수십종의 토마토가 레씨피마다 다르게 등장했다. 찰토마토와 방울토마토가 고작인 나라에서 온 나는 혼란스러웠다.

완전 100퍼센트 원어인 요리용어 앞에서는 머리털을 쥐어뜯고 싶었다. 페쉐, 까르네, 에르베, 꼰쎄르바지오네, 빠스떼 쁘레스께, 빠스떼 쎄께…… 어어, 뭐야? 어쩌란 말이야? 내가 기자 생활을 하며 각종 회견에서 수없이 보아온 외국어 통역을 무색하게 만든, 가장 쎈스가 뛰어났던 통역 선생이 따로 없었다면 나는 그 학교를 뛰쳐나와버렸을 것이다.

앞의 요상한 이딸리아어를 순서대로 해석하면 생선, 고기, 허브, 저장, 생빠스따, 건조 빠스따다. 이딸리아 요리가 한국에는 사실상 제대로 소개되지 않은 시절이어서 이런 말을 들어볼 기회가 거의 없던 터라 난감할밖에. 그런데도 학교에서는 준비된 학생인 줄 알고 마구 밀어붙였다. 학교를 뭐라 할 건 없었다. 뭐, 군대 가서 각개전투나 사격술, 고공 점프를 연습하지도 않았는데 시킨다고 원망할 수는 없으니까. 다만, 와인공부를 하지 않고 간 건 좀 실수였다. 요리에 왜 와인이 중요하지? 이런 의문은 수업 시작과 함께 산산이 깨졌다. 거의 대부분의 요리에 각기 다종다양한 와인이 쓰였다. 와인을 모르면 요리도 잘할 수 없는 게 당연했다. 어쨌든 나는 첫 와인수업 시간에 '와인이란 포도로만 만든다'는 사실에 경악했다. 아니, 와인은 됫병들이 소주와 포도, 설탕으로 만드는 거 아니었어?

아침 여덟시면 수업이 시작됐다. 대학시절에도 1교시는 아예 시간표에 넣지 않았던 내가 꼭두새벽 수업을 억지로 들어야 했다. 빵을 미리 만들어야 하는 새벽조에라도 걸리면 그야말로 눈곱 뗄 시간도 없이 밀가루를 주물렀다. 저녁 여섯시가 되어야 수업이 끝났지만, 그게 전부가 아니었다. 저녁을 만들어 써빙하고, 먹는 일도 모두 수업의 연장이었으니 해가 져야 하루가 끝나는 농부 같은 삶이 시작됐다.

당시 재미삼아 학교에서 제공하는 음식을 한국의 이딸리아 식당에서 먹는 가격으로 환산해본 적이 있다. 애피타이저 두 가지 이만원, 빠스따 이만원, 메인요리류 삼만원, 디저트 만원, 커피 오천원, 와인 이만원, 도합 십만오천원이었다. 매일 점심과 저녁을 이렇게 먹었으니 학비가 아깝지는 않았다. 단, 이런 음식들을 사랑하는 사람들에 한해서 그렇지만.

확실히 스케일이 달랐다. 당시 한국에서 비싼 가격 때문에 미국산 짝퉁을 쓰던 빠르미쟈노(파머잔) 치즈가 지천으로 널렸고 (몇 킬로그램쯤 냉장고에서 슬쩍해도 알 턱이 없는), 고급 호텔에서 생색내며 주는 송아지고기도 갈고리에 꿰어 저장고 귀퉁이에 대충 걸려 있었다. 가져다 파티를 해도 모를 만큼(고백건대, 실제로 몇번 슬쩍하기도 했다).

커피를 유달리 좋아했던 나는 천국을 만난 것 같았다. 당시는 에스쁘레쏘 한잔 마시려면 사간동의 프랑스문화원까지 가던 시절이었다. 싸구려 플라스틱 기계로 뽑는, 흉내만 낸 에스쁘레쏘였지만, 그만한 데도 없었다. 시중 호텔에 가서 에스쁘레쏘를 시키면 종업원이 알아듣지 못하거나, 걱정스러운 표정으로 "손님, 양이 아주 적고 쓴데 괜찮으시겠습니까" 하고 물어보던 때였으니까 말이다—양이 많으면 어찌 에스쁘레쏘겠소.

요리학교 복도에 기계가 놓여 있어 마음껏 에스쁘레쏘(이건 천국의 음료였다)를 뽑아마실 수 있었다. 어떤 날은 하도 많이 마시는 바람에 잠이 오지 않을 지경이었다.

와인으로 말할 것 같으면 후회가 마구 밀려온다. 서양 식탁에 와인이 빠질 리 없었다. 학교에서 식사시간에 공짜로 주는 레드와인을 우리는 '맛없다'고 타박하며 무시하곤 했다. 이게 한국에 오면 식당에서 오만원은 너끈히 받는 와인이란 걸 그때는 몰랐으니까. 게다가 학교가 있는 삐에몬떼 지역은 최고급 와인이 무수히 나오는 지역이었다. 요즘 이 지역 와인은 엄청나게 값이 뛰었지만, 그 시절만 해도 살 만한 값이었다. 상상해보라. 오만원짜리 와인이 그냥 상자째 식당 구석에 놓여 있고, 마시고 싶은 만큼 알아서 가져다 마시면 된다. 이건 와인 애호가에겐 천국이다. 한국에서 수십만원 하는 바롤로 같은 고급 와인도 마구 협찬이 들어와 복도에 굴러다녔으니 요령만 있으면 몇병쯤 가져다먹는 건 일도 아니었다.

커피를 빼면 입 짧은 내게 서양음식은 고통이었다. 토마토 빠스따가 원수 같고, 송아지 갈비구이는 쳐다보기도 싫었다(개나 줘버리라지!). 얼큰한 육개장이라도 한그릇하면 개운할 텐데. 대개의 남자들은 두어 달이 지나야 이딸리아 음식에 적응하기 시작한다. 반면 여자들은 오일과 버터로 범벅된 이 나라 음식을 물 만난 고기마냥 반가워했다. 내가 느낀 건, 확실히 여자들은 환경에 잘 적응한다는 사실이었다. 그러니까 그토록 헐뜯는 남편과도 잘 사는 것 아니겠는가.

학교생활 한두 달이 지나면서 얼굴에 살이 오르고 윤택해지는 건 대부분 여자들이었다. 하긴, 여학교 점심시간을 직접 보면 여자들이 연약하다는 건 새빨간 거짓말이라고들 하지 않던가. 여자들은 우아하게 접시를 비웠다. 나 같은 남자애들은 '휴,

이놈의 빠스따 고추장에 비벼먹으면 살 것 같을 텐데' 하며 우울하게 빠스따 접시를 물리곤 했다.

이 요리학교는 이름에 '외국인을 위한'이라는 수사가 붙어 있었다. 정체불명의 이딸리아인 학생들이 간혹 섞여 있기는 했지만, 한국 일본 미국 독일 브라질 아르헨띠나 니까라과 레바논…… 온갖 인종의 아수라장이었다. 뭐, 거의 미니 유엔이었으니까. 애들 국적 익히다가 몇달이 훌쩍 지나갈 판이었다. 레바논 친구가 생각난다. 그는 국적 때문에 비자 발급이 안될 뻔했다. 삐에몬떼 주지사랑 맞먹는다는 교장의 주선으로 체류허가가 떨어졌던 것 같다. 그 시절에도 중동 사람들은 예비 테러분자로 보였던 게다.

국적도 다양한 쉰 명가량의 학생들을 시골 기숙사에 처넣었으니 뭔 일이 나도 크게 날 분위기였다. 그걸 풀어준 건 막무가내로 놀기 좋아하는 이딸리아 녀석 — 언젠가 이 녀석의 이름을 구글에서 쳐보았더니 아쭈, 호주에서 특급 셰프로 제법 대우받고 있더군 — 과 아일랜드게 미국인, 한국인이었다. 화단 블록을 뜯어내어 마당에 바비큐 화덕을 급조하고 고기를 구웠다. 아싸! 춤추기 좋아하는 녀석들은 또 좀 많았나. 일본애들까지 끼여 어디선가 빌려온 카쎄트플레이어를 확성기처럼 틀어놓고 촌스럽고 경악스러운 디스코 파티를 벌였다. 학교 주방에서 훔쳐온 마늘과 파로 양념한 불고기가 등장하는가 하면, 맨해튼의 최고급 식당에서 일하던 아일랜드계 미국인 윌리엄은 그 무지막지하게 큰 손으로 바비큐 양념갈비를 맛깔스럽게 쟀다. 일본인 켄은 혼자 외로울 때 먹으려고 몰래 숨겨놓은 우메보시를 꺼냈다. 아마도 내 비장의 고추장과 멸치도 싸구려 와인의 안주로 작살이 났을 것이다. 그까짓 우메보시나 고추장, 멸치가 뭐 그리 대단하냐고 할 남자 독자들은 딱 군대시절을 떠올리면 된다. '사제' 반찬이라면 제대 날짜하고도 맞바꾼다고 하지 않던가.

자욱한 연기 속에서 흐르는 음악은 단순하고 흥겨운, 비트와 리듬이 절묘하게 배합된 레게였다. 남자애들이 흐느적거리며 쿵쾅거리니 방에서 눈치만 보던 여자애들이 하나둘 나타났다. 어떤 라틴계 아가씨는 아예 등짝을 몽땅 드러내는 뉴욕 스타일의 검정색 파티복까지 척하니 입고 손가락에 맥주병을 끼고 흔들기 시작했다. 확실히 프리마돈나는 애들을 부른다. 머리를 싸매고 낮에 배운 빠스따 이름을 외우던 다국적 범생이들(그래봤자 쉰 명 중에 두엇밖에 안되는)까지 꾀어내는 건 시간문제였다. '난리 브루스'가 터진 거였다.

그렇게 먹고 마시는 건 좋았는데 카쎄트플레이어가 처절하게 최고 출력으로 울부짖던 대목에서 사달이 났다. 그 깡촌 마을에 번쩍번쩍, 경광등을 돌리며 경찰 순찰차가 나타났다. 최루탄을 쏘고, 진압봉을 휘두르며, 물대포를 펑펑…… 쏴서 진압하고 싶었겠지만 미치광이 같은 얼치기 요리사 집단을 보는 순간,

어처구니가 없었나보다.

"라가찌! 바스따, 바스따!(애들아, 이젠 됐으니 그만하렴!)"

사실, 이딸리아 경찰은 바지에 줄잡고 구두에 광내는 걸 신경 쓰느라 치안 따위는 무관심한 집단 같았다. 은색 독수리가 내려앉은 멋진 모자는 또 어떻고. 내 생각에 이들은 겨울 오기만을 못내 기다릴 게 뻔했다. 패션왕국답게 120수 모직으로 멋지게 뽑은 검정색 망또가 여간 멋있지 않았기 때문이다. 페라가모나 구찌가 디자인했을 것 같은 명품이었다. 난 이게 영 궁금했는데, 그 거치적거리는 망또를 걸치고 어떻게 범죄자 꽁무니를 쫓을 수 있을까 하는 점이었다.

그런 망상을 하는 중에 우리의 용사가 나섰다. 정체불명의 이딸리아 국적 학생이 등을 떠밀려 나서서 경찰에게 변명과 하소연을 했다. 오늘밤이 마지막이라고, 딱 하루만 놀고 그만두겠노라고. 경찰은 자기 구두코에 먼지가 앉았나 한번 쓰윽 보고는 어깨를 으쓱하고 돌아갔다. 그예 새벽까지 파티는 이어졌다. 뭐? 외국애들은 미련한 한국놈들과는 달라서 취하게 술을 마시지 않는다구? 유럽애들은 와인을 우아하게 한두 잔 마시지, 미치도록 퍼마시는 법이 없다구? 그럼 내가 본 그날의 광경은 모두 쇼라는 거야? 정말 우리 도덕선생님 같은 언론에서 떠드는 소리는 천만의 말씀이라는 걸 난 알았다.

일찍 곯아떨어졌던 거대한 체구의 미국인 녀석이 창문으로 고개를 쑥 빼고 '잠 좀 자자'고 고함을 지를 때가 되어서야 파티는 끝났다. 여기저기 와인병과 맥주병이 나뒹굴고 있었을 거다. 하긴, 우리는 학교 근처 바에서 동네 최초로 그라빠(매우 독한 증류주의 일종)를 병째 마시는 만행도 저지른 적이 있으니 이건 별 사건도 아니었다. 그라빠 병나발 사건의 주인공인 우리의 K형은 술이 깬 뒤 얼굴의 상처를 어루만지며 이렇게 말했었다.

"이딸리아 술도 취하니까 똑같네. 길이 벌떡 일어나더군."

이런 구제불능의 선수들이 모여 그다지 큰 사고 없이 수료하고 학교를 떠날 수 있었던 건 그야말로 신의 가호가 아니었나 싶다.

상상해보라. 오만원짜리 와인이
그냥 상자째 식당 구석에 놓여 있고, 마시고 싶은 만큼 알아서
가져다 마시면 된다. 이건 와인 애호가에겐 천국이다.
한국에서 수십만원 하는 바롤로 같은 고급 와인도
마구 협찬이 들어와 복도에 굴러다녔으니 요령만 있으면
몇병쯤 가져다먹는 건 일도 아니었다.

30
붉은 팬티와
월드컵의
추억

30

붉은 팬티와
월드컵의
추억

　　이딸리아 북쪽, 알프스 아래쪽에 위치한 이 요리학교에는 다국적 유엔군처럼 각국의 요리사들이 바글거렸다. 북유럽과 독일, 이딸리아에다 아시아 각국이 모였다. 아메리카 대륙은 캐나다부터 남쪽의 브라질까지 빠짐없이 여권 구경을 시켜주었다. 혈기방장한 젊은 녀석들을 두 달간 꼼짝없이 기숙사에 처박아두었으니 대소동의 연속이었다. 게다가 직업이 직업인지라 꼴통 기질도 대단했다. 다행히 어떤 녀석들처럼 칼부림 소동은 없었고, 다들 씩씩 웃으며 그 여름의 이딸리아를 즐기고 있을 따름이었다.

　　녀석들 중에 십년이 지나도 잊히지 않는 '선수'들이 꽤 있었다. 테러분자로 오인받아 입국이 보류되어 뒤늦게 합류한 레바논 녀석은 험악한 생김새와 달리 심성이 착했다. 수업시간이면 조용히 사라져 모자란 잠을 청하느라 아예 별명이 '어디 있니?' (where are you?)였지만 말이다.

미국 친구들이 꽤 많았는데, 실력도 좋았고 진짜 프로페셔널 요리사 냄새를 풍겼다. 비싼 돈 내고 왔으니 많이 배워가겠다는 열망에 사로잡힌, 아마추어 느낌을 풀풀 풍기던 다른 나라 녀석들과는 사뭇 달랐다. 전쟁터 같은 미국 식당 동네를 벗어나 이딸리아에서 한적한 휴가를 즐긴다는 투였다. 특히나 이딸리아계가 많았는데, 할아버지 땅에 찾아온 '고향 방문단' 같은 여유를 즐겼다. 으흠, 이게 바로 할머니 손맛이구나.

청춘들을 모아두면 꼭 터지는 게 연애사고다. 불행히도 난 기숙사 침대에 '가라리 네히어라' 하는 흐뭇한 정경을 직접 목도하지는 못했지만, 설사 그런 일이 벌어져도 놀랄 일은 아니었다. 이딸리아의 여름밤은 아름답고, 청춘은 불타지 않았겠는가.

기숙사 공동세탁기에 물이 잘 빠지는 팬티를 집어넣어 원성을 샀던 리자라는 이름의 미국인 아가씨 요리사가 스타트를 끊었다(물론 내 전통의 독립문표 흰색 팬티도 붉게 물들여놓았다. 내가 항의하자 그녀는 마치 팬티 색깔처럼 볼을 물들이며 사과했다). 동네 피자집 '맛달레나'의 큰아들과 바람이 난 거다. 큰 나무가 우거진 학교 앞 숲에 그 녀석과 함께 있는 리자의 금발이 얼핏 비쳤다. 연애를 하면서 리자는 마치 새색시처럼 발그레하게 볼을 물들이고 다녔다. 듣기로는, 미국 여자들이 이딸리아나 스페인 남자들과의 정열적인 연애를 꿈꾼다더니 틀린 말이 아닌 것 같았다. 이름하여 '지중해 사랑'이라고나 할까. 곱슬한 검은머리를 짧게 깎고, 조각 같은 몸매에 썬글라스를 쓴 이딸리아 남자들은 남자인 내가 봐도 반할 만했다. 물론 피자집 큰아들 리오는 키가 작달막하고 배는 불뚝 나와서 매력이라고는 눈곱만큼도 없었지만 말이다. 누군가 리자에게 왜 리오가 좋으냐고 걱정스레 묻자 리자는 행복하게 웃으며 대꾸했다.

"핸썸하잖아."

어느 누구도 리자가 피자집 맛달레나의 큰며느리가 될 거라고는 상상하지 않았다. 리오가 매번 바뀌어 들어오는 학생 후리기 전문이라는 소리가 들렸고, 금발의 리자가 맛달레나에 앉아 있는 광경이 별로 실감이 나지 않았던 까닭이다. 맛달레나는 나뽈리식이기는 하되, 따로 경쟁 가게가 없어 평화시대를 누리는 맛없는 피자가게였다. 마치 인디오 할머니같이 투박한 맛달레나 아줌마를 시어머니로 모시고 이딸리아어 한마디도 못하는 뉴욕 여자 리자가 이 시골 깡촌에서 시집살이를 한다?

리자가 리오랑 끝까지 잘 지냈는지는 모르겠다. 다만 생각건대, 리자가 거기 남았다고 해도 꽤 어울릴 것 같기는 하다. 리자가 서툰 이딸리아어로 피자 주문을 받고, 시집 식구들의 세탁물을 빨갛게 물들이는 사고를 치면서 시골여자로 살아가는 것도 꽤 그럴듯한 이야기가 아닌가. 인생은 예상대로 되지 않아 재미있는 것이니까.

    나는 이딸리아로 떠나면서 할인마트에서 싸구려 축구화를 한 켤레 샀다. 축구의 나라에서 공도 좀 차면서 즐길 생각이었다. 요리학교 홈페이지에는 제법 그럴듯한 잔디구장이 소개되어 있었기 때문이다. 결과적으로 이 축구화는 요리학교 외에서는 한번도 신을 일이 없었다. 노예처럼 무보수 막장 요리사로 구르는 주제에 축구는 언감생심이었으니까.

    알고 보니 잔디구장은 요리학교 소속이 아니었다. 주민들이 이용하는 구장이었다. 이 시골구석까지 라이트 시설과 관람석을 갖춘 잔디구장이 있다니. 축구강국은 저절로 만들어지는 게 아니었다. 게다가 이 동네 사람들은 이 구장을 홈으로 하여 정규 경기 씨즌을 치르고 있었다. 축구협회에 등재되는 공식 경기였다. 말하자면 조기축구였을 테지만, 경기 수준이나 관리 기준은 놀라울 정도였다. 마치 프로 경기처럼 연간 리그전을 치렀고, 모든 경기는 입장료를 받았다. 심지어 매점도 열려 맥주와 간단한 음식도 팔았다. 물론 최고의 에스쁘레쏘도 있었다. 당시 서울운동장 프로 경기에도 밀반입한 소주와 오징어를 사고파는 밀매상이 득실거렸으니 정말 이딸리아의 품위있는 축구문화는 경이로움 그 자체였다.

내가 여권까지 제출하며 이 이딸리아 축구협회 공식 경기에 이름을 올린 건 아주 우연이었다. 때는 바야흐로 바깡스 씨즌이어서 이 마을 팀의 몇몇 선수들이 휴가를 떠나버렸다. 그렇다고 노인들로 충원할 수는 없었고, 마침 우리가 눈에 든 거였다. 워낙 공을 잘 차 '디에고(마라도나)'라는 별명으로 불리던 아르헨띠나 친구와 브라질 친구, 나와 몇몇 미국인 친구들이 용병으로 이 마을 선수가 됐다.

나는 골키퍼가 됐다. 놀랍게도 프로 선수들이 쓰는 장갑과 무릎 보호대, 엉덩이가 제대로 누벼진 최고급 골키퍼 전용 유니폼이 내 손에 들려졌다. 장갑이라고는 목장갑밖에 껴보지 못한 나는 선수용 장갑을 보자 눈물이 날 지경이었다. 김병지가 '거미손'인 것은 비에 젖은 공에도 찰싹 달라붙는 선수용 장갑 덕분이며, 그가 대포알 같은 중거리 슛을 막아내는 놀라운 다이빙 캐치를 할 수 있었던 것은 엉덩이가 푹신한 전용 유니폼 덕분이란 것도 알게 되었다.

아마도 동네에서 생선가게나 정육점을 운영하며 주말 경기의 자원봉사자로 40년 정도 일했을 것 같은 할아버지 장내 아나운서의 선수호명이 있었다. 루까, 삐에뜨로, 마르꼬… 빠르끄! 짜잔! 가문의 영광이었다. 일찍이 런던 월드컵에서 이딸리아를 떡실신시킨 헤딩슛을 날렸던 박두익 이후로 박씨가 이딸리아 축구경기에 언급된 건 이게 처음 아니었나 모르겠다.

지중해 태양의 요리사 277

눈부신 라이트 아래 융단 같은 잔디를 밟는 야간경기였지만, 나는 즐겁지 않았다. 왜 이 팀의 네댓 명의 주전들이 일제히 바깡스를 떠났는지 알 만했다. 웽~ 공기 맑고 물 맑은 땅이니 모기 천국이 따로 없었다. 그나마 움직이는 필드 선수들은 좀 나았다. 거개 서 있어야 하는 나는 모기의 대공습에 지쳐갔다. 눈동자까지 모기에 물린 건 아마도 짧지 않은 내 모기 헌혈사에 처음인 듯싶다. 나는 네 골인가를 헌납했고, 열 골이라도 좋으니 경기가 빨리 끝나기만을 바랐다.

그래도 모기에 뜯길지언정, 그건 즐거운 여가였다. 학교생활이 끝나자 나는 장거리 침대열차를 타고 씨칠리아로 떠났다. 그것이 이 이야기의 시작이다.

31
마지막 씨칠리아, 안녕

31
마지막 씨칠리아, 안녕

 나는 대충 이런 식으로 이 이야기를 시작했다.

"지중해의 태양은 자글자글 끓었다. 나는 동양에서 씨칠리아로 건너온 원숭이 취급을 받으며 주방에 던져졌다. 찜통 같은 주방에서 보조요리사의 하루가 시작됐다. 나는 그야말로 너무 오래 삶은 국수가락처럼 퍼져버렸다. 내가 가지고 있는 모든 지식과 직관과 선입견은 모두 허상이었다. 지금 나는 펄펄 끓는 아홉 개의 빠스따 솥에서 정확한 시간에 빠스따를 꺼내 요리사 님들에게 바쳐야 하는 노예였다."

그랬다. 이딸리아 북부의 삐에몬떼에서 요리학교를 마치고 씨칠리아행 기차에 올랐을 때, 나는 적당히 낭만적인 요리사 생활을 즐길 꿈에 부풀어 있었다.

  그러나 내 앞의 현실은 얼치기 초보요리사의 꿈을 산산조각 냈다. 견습요리사에게 꿈이란 없으며, 오직 남은 것은 쫓겨나지 않고 버틸 수 있는 생존본능이었다. 왜 이딸리아의 국수는 설삶아 알 덴떼가 되어야 하는지, 쏘시지는 어떻게 만드는지, 이딸리아 돼지는 어떻게 도살하여 살코기를 얻고 기름을 받는지, 그런 건 책에 씌어 있는 것과 달랐다. 새우 가시에 손톱 밑을 찔리지 않고 껍질을 잘 벗기는 법은 무엇이며, 왜 리꼬따 치즈의 물기를 제거하지 않고 만두를 만들면 안되는지도 책에는 없던 내용이었다.

  뿐이랴. 왜 낮에는 이딸리아의 명물, 장작 화덕에 구운 맛있는 피자를 먹을 수 없는지, 아니 왜 저녁 여섯시까지도 전통 삐쩨리아에선 피자는커녕 물 한잔 얻어마실 수 없는지까지 나는 모든 걸 길에서 배웠다. 씨칠리아는 그 현장이었으며, 나는 거기서 '굴러먹던' 삼류요리사였다.

  지금도 생생하게 기억난다. 내가 북부의 요리학교 근처 기차역에서 받아든 기차표에 씌어 있던 그 거리. 자그마치 1,750킬로미터라는 숫자의 존재감. 그것은 현실감이 별로 없었다. 나의 기차여행은 오직 450킬로미터의 경부선을 넘지 못했었으니까. 한국이 통일국가였다면 신의주에서 부산까지 천 킬로미터를 넘게 달려보았을 테지만.

어쨌든 24시간에 가까운 기차여행은 꽤나 낭만적이었다. 비록 누군가 흘린 침 자국이 선명했지만 베개를 나눠주는 차장도 있었다. 나는 그 베개를 베고 침대칸에 누워 이딸리아 반도의 북에서 남으로 달렸다. 그리고 기차를 하나씩 나눠 배에 싣고 메씨나 해협을 건넜으며, 그 기차를 다시 조립할 동안 거대한 철부선의 옥탑에서 까뿌치노를 한잔 마시며 멀리 희붐하게 보이는 씨칠리아 섬, 그 미지의 섬을 바라보았다.

나는 다시 기억한다. 오직 돌과 바람으로 이루어진 황량한 길을 씨칠리아 시골 열차로 갈아타고 기진맥진 어느 작은 시골 간이역—역무원조차 없는—에 닿았을 때, 웬 잘생긴 이딸리아 남자가 나를 맞았다. 그는 입성도 꽤 좋아 내가 일할 식당의 사장처럼 보였다. 알고 보니 그는 요즘 한국에서 유행하는 셰프 오너, 즉 식당의 사장이자 주방장인 쥬제뻬 바로네였다. 쥬제뻬라는 이름보다 '씨뇨르 바로네'라는 전통적인 호칭을 좋아하는 그는 나의 새아버지 격이었다.

이건 빈말이 아니다. 그는 이딸리아어도 서툴고, 요리는 더더욱 엉터리인 한 동양인의 아버지 노릇을 충실하게 했다. 따귀를 후려칠 만큼 내가 큰 실수를 해도 그는 감싸주었으며, 이딸리아, 아니 씨칠리아의 사람들을 구경시켜주었다. 물론 내가 그들의 구경거리가 되는 상황이었겠지만 말이다.

쥬제뻬 바로네. 그는 나의 정신적 대부, 갓 파더(God Father),

빠드레 그란데(Padre Grande)였다. 그가 없었다면, 내가 어떻게 에뜨나 화산에 올라 망태기로 버섯을 따는 노인네들의 주름을 볼 수 있었으며, 구릿빛 팔뚝의 억센 참치잡이 어부들이 득실거리는 전통 어시장을 제 동네처럼 드나들 수 있었을까. 그가 아니었다면, 어떻게 토끼고기에 초콜릿쏘스가 어울리는지 알았으며, 최고의 스빠게띠는 좋은 밀가루 일 킬로그램에 최고의 달걀 한 개를 넣는다는 걸 알 수 있었겠는가.

그러나 무엇보다 그가 내게 유전자처럼 심어준 건 요리하는 영혼이었다. 그는 '가장 가까운 곳에서 나는 나의 재료로, 가장 전통적인 조리법으로, 가장 사랑하는 사람이 먹는 요리를 만들라'는 요리의 삼박자를 깨우쳐주었다. 모양이나 장식으로 멋을 내는 줄만 알았던 서양요리, 이딸리아 요리의 진정한 승리는 이 삼박자에 있었다는 걸 그는 알려주었다.

그는 좋은 재료를 직접 구하지 않고 그저 전화통을 붙들고 배달받는 미슐랭급 스타 요리사를 경멸했으며, 멀리서 수입한 재료를 자랑하는 요리사에게 호통을 쳤다. 공장화·기계화되는 재료의 역사를 슬퍼했으며, 돼지나 닭이 항생제와 호르몬의 늪에서 신음하는 걸 참지 못했다. 아이들이 먹는 음식이 사료가 되고 있는 현실을 분노했으며, 항상 지역 어린이들이 무엇을 먹고 마셔야 하는지 가르치고 연구하느라 머리를 싸맸다. 그건 영양학자나 교육자가 할 수 없는 일이라고 그는 말했다. 요리사는 아이들의 어머니처럼 먹이는 사람이라고 그는 강조했다. 그가 이젠 세계적으로 유명해진 슬로우푸드의 핵심 조직원이며, 떼라 마드레의 골수 운동원이었으니 당연한 처사였다.

쥬제뻬의 아내 마리아 바로네는 나의 어머니였다. 어수룩한 동양 사내가 가혹한 씨칠리아 주방에서 잘 견디고 있는지 늘 세심하게 살펴주었고, 나의 눈에서 서울에 두고 온 딸에 대한 그리움을 읽을 줄 아는 천생 엄마였다. 그녀는 독실한 불교신자이기도 한데, 종교적 신심은 별로 없으면서도, '여자들'이 신비한 동양 종교에 빠져 있는 걸 못마땅해하는 눈길을 무시하고 씩씩하게 모임을 꾸려나가는 멋진 불자였다. 그래봤자 초짜 신도 아낙네들을 거느리고 있었지만. 그런 그녀를 보면 마치 천주교를 몰래 믿던 평양의 소박한 마님들이 생각나곤 했는데, 그렇다고 내가 특별히 그 당시 순교의 역사를 잘 아는 건 아니었다.

이들의 두 딸 까를라와 프란체스까도 기억난다. 작년에 다니러 갔다가 훌쩍 커버린 모습에 크게 놀랐다. 까를라는 중2, 프란체스까는 초등 5학년인데, 당시는 둘 다 젖먹이였다. 특히 프란체스까는 나의 이딸리아식 제스처 선생이기도 했다. 그애는 말을 전혀 못하는 젖먹이였는데, 희한하게도 십여 가지 제스처로 자기 의사표현을 했다. 어깨를 으쓱하거나 두 손을 기도하듯 모으고 뭔가를 애원하고, 한 손끝을 모아 하늘을 향해 찌르며 뭔가 불만을 표시하거나 집게손가락을 볼에 갖다대며 음식이 맛

있다고 표현하는 것들까지 진정코 그녀의 제스처는 정확했고, 나는 그걸 따라하면서 '말보다 동작이 먼저 시작되는' 이딸리아인의 정서를 배웠다. 실제로 멀리서 이딸리아 사람 둘이 제스처를 나누는 걸 보면 무슨 얘기를 하는지 대충 짐작할 수 있을 만큼 그네들의 제스처는 다채로웠다. 언젠가 나는 이 제스처의 모든 걸 파헤쳐볼 욕망이 있다. 이건 그야말로 제스처가 아니라 제2의 모국어 같은 강력한 언어라는 생각에서다.

주방 식구들도 생각난다. 늘 대마초를 빨고 다녀 쥬제뻬의 지청구를 들었지만, 요리 솜씨 하나는 끝내줬던 뻬뻬. 군대 가기 싫어 병원에서 환자식 짬밥을 만들며 '방위병'으로 군필을 한 뻬뻬. 열일곱살 때인가, 하여간 어린 나이에 뭍의 대도시에서 열린 요리대회에서 일등을 한 신문기사를 나달나달해질 때까지 품고 다니며 자랑을 했지만 대도시 최고급 레스또랑과 인연을 맺지 못했던 뻬뻬(엄밀히 따지면 그는 고향을 떠날 수 없는 마마보이였다). 지금은 '뽀모도로'라는 식당을 인근 시골에 차렸지만 불경기 폭탄을 맞고 고전중인 뻬뻬. 불과 육십만원의 월급을 몽땅 털어 평소 입고 싶었던 가죽 재킷과 바지를 사는 데 투자했던 한심한 뻬뻬(칼날이 닳아서 젓가락이 되어도 새것을 사는 법이 없는 그가 냉큼 사들인 그 가죽옷이야말로 이딸리아가 왜 패션왕국인가 보여준다고 하겠다).

늘 허덕이며 출퇴근하는 나를 불쌍히 여겨 에스쁘레쏘 한잔을 공짜로 받아주던 까페 아저씨. 그는 나 말고도 동네 사람들에게 늘 외상을 해주었는데, 두툼한 외상장부 대신 형편없이 나쁜 기억력에 외상값을 입력해놓는 이상한 사람이었다. 그래야 나중에 외상값을 받으면 횡재한 것 같아 기분이 좋아진다나 어쩐다나.

내가 아는 이딸리아 전체를 통틀어 최고의 삐쩨리아 '라 꼰떼아'의 삐짜이올로 아저씨도 생각난다. 그는 단 3초면 피자 반죽 하나를 온전히 둥글게 빚어냈다. 그가 반죽을 한 손으로 집어들고 공중에 띄워둔 채로 번개같이 양손바닥을 움직여 도우를 완성하는 걸 보면 신기라고밖에 설명할 길이 없다. 간결하게 얹은 토핑과 치즈, 그리고 생맥주 한잔은 정말 세계 어디서도 맛볼 수 없는 기막힌 맛이었다.

이름도 일일이 밝힐 수 없는 수많은 동네 사람들도 내 기억에서 사라지지 않을 것이다. 내가 이 식당 부엌에 첫 출근했을 때, 수없이 많은 이들이 밥을 먹으러 온 것이 아니라 나를 구경하러 왔다는 사실조차 나는 뒤늦게 알았다. 나는 씨칠리아 시골의 원숭이였으니까. 내가 말하는 것, 내가 입는 옷, 내가 먹는 것이 모두 신기한 구경거리였다. 인구 삼만의 시골 읍에 나타난 한국 사내가 그들은 얼마나 신기했을까. 한국인이라곤 런던 월드컵에서 헤딩 한방으로 '아쭈리군단'을 박살낸 북한 축구팀의 영웅 박두익밖에 몰랐던 그들이었으니 말이다.

지중해 태양의 요리사 287

나는 언제나 꿈꾼다. 씨칠리아의 그 주방에 다시 들어가 요리하는 꿈이다. 그건, 이제 다시 이룰 수 없어서 꿈이다. 슬픈 꿈이다.

요리사란 요리를 만드는 사람이 아니라
한 그릇의 요리가 식탁에 오르기까지 통제하고 감시하는
관찰자여야 한다고, 쥬제뻬는 믿었다.
나는 그의 생각에 동의했다.

|작가의 말|

나는 씨칠리아 하면, 마피아보다 아득하게 느껴지는 그 여름이 먼저 떠오른다. 덜컹거리는 낡은 삼등열차는 밑바닥이 부서져 씨칠리아의 황막한 대지를 발밑으로 보여줬다. 창밖에서 도시의 에어컨 실외기 바람 같은 열풍이 내 뺨을 후려쳤다. 지상의 풀 한포기, 물 한방울도 말려버릴 것 같은 폭염 속에 나는 씨칠리아에 들어섰다. 바람에서는 사막의 거친 모래 냄새가 났고, 사람들의 피부조차 물기가 없어 말린 소가죽 같았다. 그렇지만, 나는 씨칠리아행을 한시도 후회한 적이 없다. 내 방 샤워장에 붉은 전갈이 등장한 때만 빼고는.

삐에몬떼에서 요리학교를 마치고, 의무적으로 가야 하는 식당 실습에서 코미디처럼 얼떨결에 씨칠리아행을 선언한 것이 '사건'의 발단이었다. 그리고 나는 그 땅의 주민이 되어 살았다. 이 책은 그 시절의 포복절도할 해프닝의 일상사를 묶은 것이다.

씨칠리아 사람들은 꼭 한국 사람들 같다. 끊임없이 외침(外侵)을 받아온 역사에서 자신과 가족을 보호하려는 본능이 꿈틀거리는 점, 욱하는 성질과 뒤끝이 없는 깨끗한 성품, 따뜻한 정까지 말이다. 그들도 아마 내게서 비슷한 동질감을 느꼈을 것이다. 어라? 한국인이 우리랑 비슷하네.

아마도 그곳의 처음이자 마지막 한국인일 내게 끝없는 애정을 베풀어주신 씨칠리아의 작은 마을 모디까의 모든 주민에게 이 책을 바쳐야 옳다. 물론 내 요리와 인생의 '싸부님' 쥬제뻬에게는 특별한 감사를 바친다. 물론 그의 아내 마리아 여사와 두 딸 까를라와 프란체스까에게도 두 뺨에 신나는 씨칠리아식 키스를 보낸다.

Ringrazio a Giuseppe e sig. Maria, Ricordo tutti sempre!
(쥬제뻬 부부에게 감사를 바치며, 당신들을 영원히 기억합니다!)

말썽꾸러기 필자를 만나 고생을 많이 한 창비 박신규 씨와 동영상 연출을 맡은 김유진 감독에게 각별한 감사를 전한다. 물론, 팔자에 없는 선배를 잘못 만나 매번 골치 아프게 엮이고 마는 김중혁 형에게도 최상급의 감사를 보낸다. 또한 이 글들은 한겨레의 ESC에 일년 반 연재한 것임을 밝힌다. 담당기자 고나무와 김은형 팀장의 노고를 잊지 못한다.

2009년 9월
박찬일

지중해 태양의 요리사
박찬일의 이딸리아 맛보기

초판 1쇄 발행/2009년 9월 15일
초판 11쇄 발행/2022년 11월 10일

지은이/박찬일
펴낸이/강일우
책임편집/박신규
펴낸곳/(주)창비
등록/1986년 8월 5일 제85호
주소/10881 경기도 파주시 회동길 184
전화/031-955-3333
팩스/영업 031-955-3399 · 편집 031-955-3400
홈페이지/www.changbi.com
전자우편/lit@changbi.com

ⓒ 박찬일 2009
ISBN 978-89-364-7170-5 03810

* 이 책 내용의 전부 또는 일부를 재사용하려면
  반드시 저작권자와 창비 양측의 동의를 받아야 합니다.
* 책값은 뒤표지에 표시되어 있습니다.